GUIA DA ESCOLA CIDADÃ
INSTITUTO PAULO FREIRE

7

Paulo Roberto Padilha

PLANEJAMENTO DIALÓGICO

Como construir o projeto político-pedagógico da escola

3ª edição

CORTEZ EDITORA

Instituto Paulo Freire

PLANEJAMENTO DIALÓGICO: Como construir o projeto político-pedagógico da escola
Paulo Roberto Padilha

Capa: DAC
Preparação de texto: Silvana Cobucci Leite
Revisão: Rita de Cássia M. Lopes
Composição: Dany Editora Ltda.
Coordenação editorial: Danilo A. Q. Morales

Direitos para esta edição
CORTEZ EDITORA
Rua Bartira, 317 – Perdizes
05009-000 – São Paulo – SP
Tel.: (11) 3864-0111 Fax: (11) 3864-4290
E-mail: cortez@cortezeditora.com.br
www.cortezeditora.com.br

Instituto Paulo Freire
Rua Cerro Corá, 550 – Cj. 22 – 2º andar
05061-100 – São Paulo – SP – Brasil
Tel.: (55-11) 3021-5536 Fax: (55-11) 3021-5589
E-mail: ipf@paulofreire.org
Home page: www.paulofreire.org

Impresso no Brasil – outubro de 2002

IPF INSTITUTO PAULO FREIRE

Série "Guia da Escola Cidadã"

Coordenação: Ângela Antunes Ciseski (São Paulo), Carlos Alberto Torres (UCLA, Los Angeles), Francisco Gutiérrez (ILPEC, Costa Rica), José Eustáquio Romão (UFJF, Juiz de Fora), Moacir Gadotti (USP, São Paulo), Paulo Roberto Padilha (USP e UNICASTELO, São Paulo) e Walter Esteves Garcia (ABT, Brasília)
Cortez Editora (São Paulo-SP)

Conselho Internacional de Assessores
(Fórum Paulo Freire — São Paulo, abril de 1998)

Presidente: Budd Hall (Canadá), *Vice-presidentes*: Akira Kusuhara (Ásia), Carlos Rodrigues Brandão (América Latina), Frank Youngman (África) e Jürgen Zimmer (Europa). Membros: Adriana Puiggrós (Argentina), Adriano Nogueira (Brasil), Alfredo Ghiso (Colômbia), Antônio Faúndez (Suíça), Antônio João Mânfio (Brasil), Antônio Monclús Estella (Espanha), Afonso Celso Scocuglia (Brasil), Arturo Ornelas (México), Azril Bacal (Suécia), Barbara Freitag Rouanet (República Tcheca), Bartolomeo Bellanova (Itália), Beno Sander (Brasil), Bernardino Mata Garcia (México), Birgit Wingenroth (Alemanha), Celso de Rui Beisiegel (Brasil), Daniel Schugurensky (Canadá), Edna Serafim de Oliveira (Brasil), Elizabeth Protacio-Marcelino (Filipinas), Fátima Freire (Brasil), Fausto Telleri (Itália), Francisco Vio Grossi (Chile), Genoino Bordignon (Brasil), Heinz Schulze (Alemanha), Henry Giroux (Estados Unidos), Hiroyuki Nomoto (Japão), Ilse Schrimpf Herken (Alemanha), Ira Shor (Estados Unidos), Isabel Hernández (Argentina), Isolina Centeno Ubeda (Nicarágua), João Francisco de Souza (Brasil), Jorge Werthein (Brasil), José Rivero (Chile), Ladislau Dowbor (Brasil), Liam Kane (Escócia), Lilians M. Lopes (Argentina), Luis Eduardo Wanderley (Brasil), Marcela Gajardo (Chile), Marcos Guerra (Brasil), Madalena Freire (Brasil), María Teresa Sirvent (Argentina), Martin Carnoy (Estados Unidos), Miguel Escobar Guerrero (México), Nestor Alfredo Fuentes (Argentina), Orlando Fals Borda (Colômbia), Osmar Fávero (Brasil), Peter Mayo (Malta), Peter McLaren (Estados Unidos), Peter Park (Estados Unidos), Pierre Furter (Suíça), Pierre Marc (Suíça), Pilar O'Cadiz (EUA), Roberto Orozco Canelo (Chile), Roger Dale (Nova Zelândia), Sergio Guimarães (Angola), Sergio Martinic (Chile), Sylvia Schmelkes (México), Teresa Penna Firme (Brasil), Torbjön Stockfelt (Suécia), Zelda Groener (África do Sul).

Equipe Técnico-Pedagógica do IPF

Adriano Nogueira, Alice Akemi Yamasaki, Ana Maria do Vale Gomes, Antônio João Mânfio, Bianco Zamora Garcia, Claudinéli Moreira Ramos, Cláudio Eduardo de Souza, Carlos Alberto Daniel dos Santos, Custódio Gouvea da Motta, Débora Cristina Goulart, Débora Mazza, Eliana de Oliveira, Eliseu Muniz dos Santos, Fábio Cascino, Genoíno Bordignon, Izabel Cristina Petraglia, João R. Alves dos Santos, José Rubens Lima Jardilino, Júlio Wainer, Lúcia Helena Couto, Luiz Carlos de Oliveira, Luiz Marine José do Nascimento, Lutgardes Costa Freire, Marcia Moraes, Maria de Lourdes Melo Prais, Maria Isabel Orofino Schaefer, Maria José Vale, Maria Leila Alves, Maria Lucinete de Carvalho Silva, Maria Luiza Peixoto

Ferreira, Margarita Victoria Gomez, Maurício Franklin, Misael Geraldo Souza Camargo, Paulo Silveira, Regina Elena Pinto Ribeiro, Reinaldo Matias Fleuri, Rudolf Wiedemann, Sônia Couto Souza Feitosa, Sônia Marrach, Teresa das Dores Fernandes de Castro, Valdete A. Melo, Valter José da Silva.

A ausência de uma literatura específica voltada para os problemas do cotidiano escolar tem dificultado a ação dos profissionais e demais atores que interagem na Escola de Ensino Fundamental no Brasil. Por isso, diante do movimento descentralizador, que lhes exige um desempenho técnico-político cada vez mais consistente, as dificuldades por eles sentidas são progressivamente maiores, levando-os, na maioria das vezes, a um ativismo intuitivo, sem uma clara consciência dos fins objetivados e sem uma nítida percepção dos resultados alcançados.

Professores, especialistas e até mesmo diretores de unidades escolares têm manifestado uma série de dificuldades, tanto pela carência de material que os ajude na fundamentação teórica, quanto na construção de mecanismos e instrumentos para uma série de ações que têm sido obrigados a assumir em face do novo perfil que se desenha para a instituição escolar.

Por outro lado, principalmente para os pais dos alunos das escolas públicas, a participação na chamada "gestão democrática da escola" oferece maiores dificuldades, por uma série de fatores, dentre os quais se destaca um auto-sentimento de inferioridade no domínio dos instrumentos — e até mesmo da linguagem — com que a escola opera. A falta de tempo, tanto dos pais quanto dos profissionais da educação, estes envolvidos com encargos em mais de uma escola, tem cobrado uma literatura pedagógica ágil, sem ser superficial, didática, sem ser maçante, técnica, sem ser árida, e que dê conta do salto da teoria para a prática, num cotidiano que exige respostas rápidas, eficientes e eficazes.

Foi pensando nisso que o Instituto Paulo Freire apresentou à Cortez Editora a Série "Guia da Escola Cidadã", publicizando estudos e pesquisas que o IPF vem fazendo, para responder, de forma concreta, aos desafios do ensino fundamental no Brasil.

GUIA DA ESCOLA CIDADÃ

Volumes já publicados:

1. Autonomia da escola: princípios e propostas
M. Gadotti e José E. Romão (orgs.)

2. Avaliação dialógica: desafios e perspectivas
José E. Romão

3. Ecopedagogia e cidadania planetária
Francisco Gutiérrez e Cruz Prado

4. Organização escolar e democracia radical
Licínio C. Lima

5. Educação de jovens e adultos
M. Gadotti e José E. Romão (orgs.)

6. Saber pensar
Pedro Demo

Com amor para
Isis, Igor, Cidinha
Maria, Benedito (*in memoriam),*
Neusa, Felipe e Jubal

Agradeço
A Paulo Freire (*in memoriam*), que está presente
nos ensinando e nos inspirando.
Aos meus amigos-irmãos: Moacir Gadotti e Ângela Antunes,
com quem aprendo todos os dias.
Aos companheiros e às companheiras do Instituto Paulo Freire
que escreveram comigo, em diferentes momentos, este livro.
Ao professor e amigo José Eustáquio Romão,
a quem admiro por sua inteligência e ternura.
Ao professor Celso dos Santos Vasconcellos,
com quem, através de seus livros, muito aprendi.
Ao amigo e editor José Xavier Cortez,
por sua simpatia, alegria e confiança.
À Silvana Cobucci Leite,
pela dedicada revisão ao texto deste livro.
E aos meus/minhas professores/as e alunos/as,
que sempre me apresentam novos desafios.

Sumário

Prefácio

São Paulo, abril de 2001

Querido Padilha,

Gostaria de lhe dizer muitas coisas neste prefácio. Não sei por onde começar. Dificilmente conseguimos expressar as coisas mais essenciais. Apenas as vivemos. Você me tem tratado como irmão, e eu me considero um irmão mais velho que está aprendendo muito com você. Aprendendo a valorizar cada vez mais a emoção, aprendendo a dividir mais o afeto, aprendendo a ficar sempre aberto ao novo.

Prefaciar seu primeiro livro, por isso, é muito difícil. Quero dizer-lhe apenas que o que mais me agradou foi você se preocupar permanentemente em não dicotomizar teoria e prática. Essa é uma virtude fundamental do educador. O educador não pode apenas apontar um caminho. Precisa dizer claramente como se toma esse caminho. Não só. O educador precisa também fazer o caminho que estiver apontando ao educando. E, enquanto educa, refletir sobre seu caminhar.

O seu capítulo quarto é bem um exemplo disso, indicando o papel de cada segmento na prática do planejamento e sugerindo quais são os passos necessários a serem dados, do referencial à proposta e da proposta à ação. Sem querer dar uma receita, você oferece ao leitor uma estrutura básica do projeto político-pedagógico. Sua preocupação em dar vida às idéias é muito importante. Quero destacar esse mérito do seu livro. É exatamente isso que se propuseram o IPF e a Cortez Editora ao criar a série "Guia da Escola Cidadã".

Este seu livro, que também poderia ter como título "Planejamento educacional na perspectiva da Escola Cidadã" — tema que você desenvolve mais profundamente no terceiro capítulo —, esclarece-nos que planejar na perspectiva da Escola Cidadã significa fazê-lo em função de um projeto e projetar na perspectiva de uma visão de planejamento que você chama de "dialógica". Por isso, você mostra muito bem que, na educação, o planejamento não pode ser dissociado da construção do projeto político-pedagógico. Uma escola que não consegue se decidir por um projeto educacional com a participação de todos os envolvidos no processo educativo, caminha sem direção e tem poucas chances de contribuir para a formação cidadã e para o pleno desenvolvimento das atuais e futuras gerações.

O planejamento educacional centrado na escola e na sala de aula é certamente o oposto do planejamento tecnocrático. É o coletivo que opera a mudança e implementa as diretrizes educacionais. Por isso, o planejamento em educação só faz sentido quando elaborado a partir das relações mais fundamentais da escola, as relações da sala de aula, que você chama de "Círculo de Cultura", utilizando a expressão de Freire. "Aula" tornou-se, há muito tempo, uma palavra estreita, pobre, para caracterizar a complexa atividade que se dá na escola. Paulo Freire, ao falar em "círculo de cultura", já havia percebido isso há 50 anos. Você foi muito feliz ao retomar essa noção fundante da pedagogia freireana.

Depois do lançamento do livro *Avaliação dialógica: desafios e perspectivas* (São Paulo, Cortez/IPF, 1998), de José Eustáquio Romão, este seu livro, intitulado *Planejamento dialógico: como construir o projeto político-pedagógico da escola*, que trata de um tema tão necessário à formação dos atuais e futuros educadores e educadoras, é uma nova e importante contribuição à continuidade do legado e à reinvenção do pensamento de Paulo Freire.

Minhas palavras neste prefácio não poderiam ser outras: faço votos que você continue atuando e escrevendo, lendo o mundo e compartilhando-o dialogicamente com tantos freireanos para que o deixemos cada vez mais bonito.

Com carinho

Gadotti

Introdução

É DECIDINDO QUE SE APRENDE A DECIDIR

As propostas de Paulo Freire coincidem com a busca da autonomia escolar e da garantia dos direitos a todos os cidadãos, contrapondo-se à prática da administração pública e da gestão da administração do país que, historicamente, tem se baseado numa tradição colonialista, positivista, tecnocrática, liberal e, como contemporaneamente se considera, fundamentada no ideário neoliberal. Por isso, quando escolhemos Paulo Freire enquanto autor que oferece o universo de princípios a partir dos quais nos guiaremos neste trabalho, o fazemos, em primeiro lugar, em função daquelas características e em razão do caráter interdisciplinar, multidisciplinar e multidimensional de sua obra e de seu pensamento.

Paulo Freire não escreveu especificamente sobre o tema planejamento educacional, mas referiu-se a ele em muitas ocasiões, desde sua primeira obra *Educação e atualidade brasileira*, sua tese de concurso para a cadeira de História e Filosofia da Educação na Escola de Belas Artes de Pernambuco, em 1959. Nessa tese ele escreve:

> Todo planejamento educacional, para qualquer sociedade, tem de responder às marcas e aos valores dessa sociedade. Só assim é que pode funcionar o processo educativo, ora como força estabilizadora, ora como fator de mudança. Às vezes, preservando determinadas for-

> mas de cultura. Outras, interferindo no processo histórico, instrumentalmente. De qualquer modo, para ser autêntico, é necessário ao processo educativo que se ponha em relação de organicidade com a contextura da sociedade a que se aplica. (...) A possibilidade humana de existir — forma acrescida de ser — mais do que viver, faz do homem um ser eminentemente relacional. Estando nele, pode também sair dele. Projetar-se. Discernir. Conhecer (Freire, 1959:8).

Observa-se na obra de Paulo Freire a defesa de uma relação horizontal e de uma igual participação dialógica entre educador e educando. Isso aponta para o desenvolvimento de uma pedagogia dialética em que, além da necessidade de uma "ação criadora", o educador deve aliar-se ao educando em sua atividade prática educativa no cotidiano da escola, desenvolvendo continuamente o trabalho escolar, de forma que os vários elementos do processo ensino-aprendizagem se relacionem para que todos possam ensinar e aprender.

Freire não aceita receitas prontas nem admite que o homem simples continue sendo domesticado pelas elites dominantes. Em 1967, no livro *Educação como prática da liberdade*, ele já dizia isso claramente: "Uma das grandes, se não a maior, tragédia do homem moderno está em que é hoje dominado pela força dos mitos e comandado pela publicidade organizada, ideológica ou não, e por isso vem renunciando cada vez, sem o saber, à sua capacidade de decidir. Vem sendo expulso da órbita das decisões" (Freire, 1983:43).

Na mesma direção, Freire afirma que "é decidindo que se aprende a decidir" (1997:119). O verbo transitivo direto "decidir" pode significar "determinar, resolver, assentar, deliberar; dar solução a; solucionar, desatar; dar decisão a; julgar, sentenciar (...) convencer, persuadir, induzir; resolver; dispor". Decisão, do latim *decisio*, significa "resolução de um ato voluntário que, após avaliação, provoca a execução de uma solução encontrada entre várias alternativas possíveis" (Japiassu & Marcondes, 1991:65). Por todos os significados correlatos da palavra "decidir", verificamos que, sem a existência da decisão ou de alguém que decida, não poderemos iniciar nenhum processo, sobretudo no que se refere à construção de um tipo de planejamento ou mesmo de qualquer projeto.

Todos devem ter o direito e a liberdade de tomar decisões sobre suas próprias vidas, mesmo que, ao exercer tal liberdade, possam correr o risco de errar, pois, conforme afirma Freire, é decidindo que construímos, com autonomia, nosso projeto de vida. É exercendo a capacidade de decidir que aprenderemos a ser nós mesmos. Nem por isso se trata de uma decisão apenas individual, isolada em si mesma e desprovida da análise de suas possíveis conseqüências sociais, uma vez que "a liberdade amadurece no confronto com outras liberdades, na defesa de seus direitos em face da autoridade dos pais, do professor, do Estado" (Freire, 1997:119-20). O fundamental é assumirmos, eticamente, nossas decisões, pois assim, como também sugere Paulo Freire, fundaremos nossa autonomia, visto que "ninguém é autônomo primeiro para depois decidir. A autonomia vai se constituindo na experiência de várias, inúmeras decisões, que vão sendo tomadas" (idem).

Por outro lado, diante da pergunta sobre como dialogar em torno de assuntos técnicos, ou seja, sobre como os camponeses poderiam opinar a respeito de algo que não conhecem (no caso, a técnica), Freire responde que "seria possível o diálogo se o seu objeto girasse em torno de sua vida diária, e não em torno de técnicas" (Freire, 1982a:45).

Essa reflexão nos remete diretamente à questão do planejamento, que não deve ser encarada, na escola e na educação, como atividade a ser realizada apenas por pedagogos ou por supostos "intelectuais especializados em pensar" (Ferreira, 1979:23), a não ser que haja vontade política de se excluir segmentos comunitários da participação nesse processo. O planejamento "é uma técnica, e com certeza pode ser usada com vários interesses e objetivos. Tanto pode ser apropriada para mascarar uma realidade como para impor soluções que por vezes não representam o interesse de todos mas certamente de alguns grupos ou pessoas" (Garcia, 1991:41).

Seguindo a mesma linha, o Prof. Francisco Whitaker Ferreira afirma que "quem planeja é mesmo quem faz" (Ferreira, 1979:25), ou seja, o planejamento precisa ser feito por aqueles que efetivamente executarão a ação. Do contrário, aceitaremos a existência de uma suposta autonomia do método de planejar e transformaremos tal atividade em tarefa específica de uma minoria, o que nos levará a acentuar a dicotomia entre pensar e fazer e, conseqüentemente, a desvincular os que pensam dos resultados da ação, bem como a incentivar a figura denominada por Ferreira de "empulhador" (ibid., p. 23).

O "empulhador" seria aquele indivíduo que não acredita na ação que se planeja e que, por conveniência pessoal, considera "importante defender o meio de vida constituído pelo conhecimento do método, que tudo começa a girar em torno dele, das suas regras, do seu linguajar" (ibid., p. 24). Assim, os supostos especialistas em planejamento tomam para si a responsabilidade de planejar e, ao fazê-lo, atribuem às demais pessoas a tarefa de também se tornarem "especialistas", mas apenas em agir, ou seja, em executar as tarefas que outros pensaram. Portanto, o desafio consiste em buscar mecanismos que não permitam separar a atividade de planejar da ação propriamente dita, ou seja, consiste em não admitir a divisão do trabalho no planejamento de forma a desvincular "os que pensam dos resultados da ação" (ibid., p. 21).

Nossa preocupação em relação a esse ponto fundamenta-se também nos princípios político-pedagógicos da obra de Paulo Freire, que se referem, respectivamente, ao posicionamento reflexivo e crítico sobre o ideal que temos de homem e de sociedade e às ações educativas relacionadas ao tipo e às características da educação que tornarão viável a construção da sociedade que queremos. Para Freire, teoria e prática são indicotomizáveis, inseparáveis, uma vez que "a reflexão sobre a ação ressalta a teoria, sem a qual a ação (ou a prática) não é verdadeira" (Freire, 1982a:40). Por isso, não nos baseamos apenas em sua produção "teórica".

Os avanços e mudanças estruturais na educação no município de São Paulo, durante o período em que Paulo Freire foi Secretário de Educação (1989-1991) são evidentes. **Conselhos de escola**, **grêmios estudantis** e outros mecanismos que buscavam garantir a autonomia escolar foram restabelecidos democraticamente, incentivando a gestação de projetos pedagógicos pelas escolas municipais e provocando mudanças significativas na gestão escolar de modo a garantir a participação popular (Freire, 1991:79-80).

O caderno da Secretaria Municipal de Educação de São Paulo, intitulado "Planejamento: instrumento de mobilização popular" (PMSP, SME, 1992), traz a proposta de implantação do sistema de planejamento com base na descentralização e autonomia das escolas. Tal proposta apresenta a possibilidade de descentralizar o planejamento a partir da real delegação do poder de decisão às unidades escolares, para que seja possível "integrar a ação das escolas, comunidade organizada, Administração Regional e Núcleos de Ação Educativa, de forma que a política educacional possa ser implantada contando com a participação, experiência, e conhecimento destas entidades sobre as particularidades de sua região" (ibid., p. 34). Além disso, pretende "desencadear uma ação coordenada no nível macro que resulte na formação de uma visão global sobre o sistema educacional a ser compartilhada por todos os envolvidos nas decisões" (ibid., p. 34). Essa proposta é fruto da política educacional implantada por Freire na Secretaria Municipal de Educação de São Paulo, o que comprova que sua prática nos oferece elementos para fundamentar nossa pesquisa.

A oportunidade de conviver com Paulo Freire de 1994 a 1997, no Instituto Paulo Freire (IPF), permitiu-nos acompanhar de perto suas propostas e ações voltadas para a luta em favor do direito de todos à educação e à eqüidade social, refletidas nos projetos dos quais participava naquela instituição, naqueles que desenvolvia fora dela e registradas nas obras escritas por ele nesse período. Essa convivência está expressa em dois breves artigos. No primeiro, intitulado "Organizando a bibliografia de Paulo Freire" (Padilha, 1996:60-61), relatamos a experiência de dar continuidade à organização, pesquisa e sistematização da bibliografia "de" e "sobre" Paulo Freire, publicada no livro *Paulo Freire: uma biobibliografia* (Gadotti, 1996). A partir dessa experiência, após meses em contato diuturno com o pensamento freiriano, tivemos a exata dimensão do significado de sua obra, capaz de influenciar e iluminar o trabalho de educadores, filósofos e cientistas das mais diferentes áreas do conhecimento de todo o mundo.

O segundo artigo, intitulado "Convivendo com Paulo Freire no IPF" (Padilha, 1997:69-79), apresenta a série de projetos da qual ele participava a partir de 1994 no IPF. A partir dessa convivência e de tais experiências passamos a estudar profundamente a obra e o pensamento de Paulo Freire, transformando-os em referencial teórico.

Por outro lado, uma vez que, para Freire, os problemas educacionais não são apenas técnicos ou apenas pedagógicos, mas também políticos e econômicos, convém esclarecer o que significa **fazer política** ao **fazer educação**. *Política* pode ser entendida como "a arte de governar, de gerir o destino da cidade" (Aranha & Martins, 1993:179), já que, em seu sentido etimológico, vem de *polis*, que, em grego, significa cidade.

A política foi inventada "como o modo pelo qual os humanos regulam e ordenam seus interesses conflitantes, seus direitos e obrigações enquanto seres sociais (...) como o modo pelo qual a sociedade, internamente dividida, discute, delibera e decide em comum para aprovar ou rejeitar as ações que dizem respeito a todos os seus membros" (Chaui, 1994:370).

Essas definições ajudam-nos a entender que a política auxilia o homem, cotidianamente, a resolver seus problemas, seus impasses, a organizar sua vida em sociedade, a discutir suas diferenças, estabelecendo direitos e obrigações, a definir as prioridades de suas iniciativas para que os conflitos e os interesses de todos os membros sociais possam ser contornados da melhor maneira possível. Desse modo, apesar das diferenças, pode haver uma convivência equilibrada, pacífica e justa.

A política apresenta-se, portanto, como algo inerente ao homem, como um instrumento indispensável em suas ações e relações, em que são estabelecidos níveis de poder entre os próprios homens, seja qual for o âmbito ou a forma de exercício desse poder. Convém lembrar que o poder é uma "*relação*, ou um conjunto de relações pelas quais indivíduos ou grupos interferem na atividade de outros indivíduos ou grupos" (Aranha & Martins, 1993:179). Assim, política e poder estão certamente imbricados.

Ao falarmos em **política** e **poder**, referimo-nos a questões inerentes à vida dos seres humanos e, assim, a tudo o que está relacionado com suas ações e relações em sociedade. Falar de política e de poder significa, portanto, falar em democracia, em autoritarismo, em justiça, em injustiça; enfim, significa tratar de temas que envolvem tais ações e relações humanas.

Pode-se, porventura, falar em educação separada da política, da questão do poder? Quando atuamos e estamos na escola — ou quando educamos nossos filhos, nossas crianças e jovens fora do âmbito escolar — deixamos de nos relacionar politicamente com "o outro", com "o meio"? Será que a escola ou nossa casa são espaços neutros, onde não existem relações de poder, de autoridade, de mando, de abuso, restrição ou de defesa dos direitos e obrigações de alguém? Ou, ainda, cabe aos pais ou educadores proteger seus filhos e alunos da política, entendida como algo pecaminoso, como alguma coisa que não seja própria de homens bons, decentes, justos e honestos?

Esse sentido pejorativo atualmente atribuído à política tem uma razão de ser. A palavra *política*, em seu sentido específico, pode representar a administração do Estado pelas autoridades e especialistas governamentais, as ações da coletividade em relação a tal governo, as atividades dos políticos ou dos especialistas em política — geralmente filiados a partidos políticos. Em contrapartida, pode ser também associada à atividade duvidosa de alguns desses mesmos políticos profissionais que, eleitos democraticamente pelo povo, ao invés de bem representá-los, acabam utilizando seus cargos para obter vantagens pessoais das mais diferentes naturezas.

Os **vários sentidos** da palavra "política", entre tantos outros mais corriqueiros, utilizados cotidianamente (política empresarial, política sindical, política da escola, política do time de futebol, política financeira, política da corrupção etc.) têm contribuído para confundir as camadas populares, afastando-as do exercício dessa atividade inerente ao homem.

Quando deixam de "fazer política", eximindo-se de reivindicar seus direitos junto aos representantes políticos que elegeram, de defender direitos e obrigações nos diversos momentos de suas vidas, ações e relações em sociedade ou de agir, de participar efetivamente das decisões relacionadas ao seu cotidiano e até mesmo de refletir sobre suas práticas, realidades e contextos sociais, as camadas populares deixam de exercitar plenamente a democracia, afastando-se de tudo o que consideram político, como se fosse, por um lado, algo negativo, ou, por outro, assunto pertinente apenas aos políticos profissionais ou a pessoas que têm militância político-partidária.

Incentivado diariamente pelos meios de comunicação e em toda a sociedade, tal comportamento acabou por transformar em senso comum a concepção de que política não é algo a ser tratado por gente séria, por gente honesta. Ao confundir o sentido original e verdadeiro da palavra política e, pior, não compreender em que ela de fato consiste, tem favorecido a parcela da sociedade que, historicamente, utiliza a política, em todos os seus sentidos, para manter o *status quo* e, por isso mesmo, trabalha ideologicamente para que as camadas populares façam cada vez menos política.

Por isso Paulo Freire insiste na necessidade de não dissociarmos política de educação, para evitar, por exemplo, que nossas crianças, jovens e adultos possam ser vitimadas por um processo educativo que acentua o preconceito, a violência, a intolerância, a ingenuidade, o individualismo, a não participação nos processos decisórios e até mesmo a desinformação e, enfim, aceitem uma sociedade desigual. Por isso ele propõe uma educação política.

Aqui entramos na análise da relação dialógica entre educador e educando. É justamente no cotidiano da sala de aula (e também nas demais relações escolares, como, por exemplo, entre diretor de escola e professores) que notamos quão difícil é pôr em prática a fala ***aos*** e ***com*** os educandos (ou com os outros), pois não temos, principalmente, a experiência da democracia, o hábito de dividir o poder, ou o suposto poder, nem sequer o costume de ouvir, de escutar, de negociar diferenças, sem que isso signifique barganhar vantagens de toda ordem. Freqüentemente confundimos autoridade com autoritarismo e pensamos que, deixando de ser autoritários, perdemos a autoridade.

A escola, espaço de relações sociais e humanas, é um campo propício para a discussão política, pois, ser político nesse âmbito é conhecer profundamente essa instituição em todas as suas características. É compreender como são estabelecidas as relações de poder no seu interior e saber avaliar como isso repercute nos serviços que a unidade escolar oferece à comunidade.

Fazer política na escola significa conhecer profundamente os educandos, sua realidade, seu contexto, suas carências, necessidades, potencialidades e expectativas, bem como estabelecer o justo equilíbrio de forças e representatividade dos diversos sujeitos coletivos da escola na gestão e definição das políticas que conduzem as questões administrativas, financeiras e pedagógicas da instituição escolar. Ser político, nesse sentido, é verificar qual é o grau de influência que as decisões tomadas nesse nível educacional exercem nos níveis educacionais municipal, estadual ou federal.

Tudo o que se relacionar com a visão de mundo, o contexto, a realidade concreta de uma escola e as utopias de seu corpo diretivo, corpo docente, discente, corpo de funcionários, colaboradores e vizinhos, pode e deve ser discutido politicamente em seu interior, para que essa instituição cumpra melhor seu papel na sociedade e para que, a partir dessa discussão permanente, possa intervir também, de forma política, nos demais níveis e instâncias da sociedade, da qual são todos cidadãos.

É esse contexto que possibilita a emergência de educadores e educandos favoráveis à superação das injustiças sociais, dispostos a desenvolver um diálogo crítico permanente na escola, começando pela sala de aula. É aqui que os educadores poderão contribuir de fato para alterar a realidade em que vivem, ao se abrirem ao diálogo, não só falando *ao* educando — o que sempre será necessário —, mas principalmente falando *com o* educando.

Paulo Freire afirma que "há momentos em que a professora, enquanto autoridade, fala *ao* educando, diz o que deve ser feito, estabelece limites sem os quais a própria liberdade do educando se perde na licenciosidade, mas estes momentos, de acordo com a opção política da educadora, se alternam com outros em que a educadora fala *com* o educando" (Freire, 1995:85). Esse diálogo introduz educadores e educandos num novo sentido educativo, em que a fala é permitida, é requerida e em que todos aprendem a ouvir, a escutar o outro. A postura da educadora e do educador diante dos educandos é outra, nova; em decorrência, a distância entre o que eles dizem e fazem passa a se mostrar muito mais — uma vez que eles estão abertos para ouvir até mesmo críticas a suas posturas, a suas posições não só como educadores mas como sujeitos e cidadãos participantes de um processo crítico e político. E é justamente aí que a educação começa a mudar. Passa a existir um **clima democrático** no qual todos têm voz, todos podem lutar por seus direitos, por suas convicções, todos podem dar seu testemunho coerente, com a certeza de que suas palavras serão ouvidas, discutidas e serão objeto da reflexão dos seus companheiros. Aqui, o aluno passa a ter um papel que lhe foi historicamente negado pela educação "bancária". Aqui se estabelece o que Paulo Freire chama de "consciência transitiva crítica" que, conforme explica Gadotti, significa a "consciência articulada com a práxis". Segundo Paulo Freire, para se chegar a essa consciência, que é, ao mesmo tempo, desafiadora e transformadora, são imprescindíveis o diálogo crítico, a fala e a convivência (Gadotti, 1989:66).

Ao dizer que o educador deve fazer de seu ato educativo uma atividade também política, Paulo Freire quer afirmar justamente que a educação só pode de fato contribuir para o crescimento geral da pessoa, do sujeito, do cidadão, do aluno e da aluna se significar um espaço para expor idéias, para discutir com a maior amplitude possível temas que, se referidos ao contexto dos alunos, sempre estarão vinculados e poderão ser trabalhados no encontro das diferentes ciências e conhecimentos acumulados pelos homens, os quais serão também estudados pelos educandos.

Paulo Freire defendeu uma **educação problematizadora**, política, em que a realidade seja clarificada ao mesmo tempo em que se educa. Ele aponta para a necessidade de que tenhamos coragem para experimentar diariamente a democracia, a possibilidade da democracia, baseados sobretudo numa relação horizontal, dialógica, na qual educadores e educandos têm amor, fé, esperança e cultivam esses espíritos com grande humildade. Ao estabelecer esse tipo de diálogo, ao eleger a pergunta como "essência do ato de conhecer", ao trocar experiências, idéias e conhecimentos, ao aprender juntos, apesar de suas diferenças, educadoras, educadores, educandas e educandos estarão se educando revolucionária, mútua e solidariamente.

Assim, quando se vislumbra uma nova relação entre educador e educando, na qual se reconhece não só a presença da política nessa relação mas, principalmente, se estimula a prática do diálogo político em sala de aula, ao lado das atividades curriculares e pedagógicas, o resultado do processo ensino e aprendizagem será certamente melhor. Além de estimular a reflexão daqueles atores educacionais, tal prática estará sobretudo ensinando-os a atuar sobre a realidade para transformá-la e a buscar, cada vez mais, a justiça social que todos queremos alcançar.

Paulo Freire diz que "nenhuma resposta é definitiva". A reflexão até aqui desenvolvida, se não nos oferece respostas definitivas, pelo menos leva-nos a crer que, se pensamos numa sociedade melhor para todos, numa nova sociedade, não podemos mais admitir que a política seja concebida como uma questão distante e separada da educação, dentro ou fora da escola. A própria vida é, em si, política.

Na **sala de aula** ou nos "**Círculos de cultura**", como preferimos chamar, educadores e educandos se relacionam politicamente a todo instante, estabelecendo, portanto, **relações de poder** e podendo agir na direção de mudanças e da construção de uma nova realidade, de uma nova sociedade. Para tanto, podem apostar no diálogo como exercício da democracia e, mais do que isso, podem voltar a ter esperança de que por meio de uma educação politizada, que estimule o senso crítico, que leve à conscientização, estaremos evitando a aceitação dócil e passiva de uma dura realidade que favorece apenas a uma minoria que sempre defendeu a neutralidade da educação em nome da manutenção de seus privilégios. Mais do que isso, estaremos criando condições para uma ação efetiva com vistas à transformação da sociedade em que vivemos e para a melhoria da escola que temos.

A escola que Paulo Freire propõe, baseada numa **relação dialógica** e **dialética** entre educadores e educandos, é instrumento importante para a construção de uma nova sociedade, mas ela sozinha não poderá "salvar o Brasil". "A viabilização do país não está apenas na escola democrática, formadora de cidadãos críticos e capazes, mas passa por ela, necessita dela, não se faz sem ela" (Freire, 1995:88). É nisso que também cremos e nessa direção estamos lutando diariamente, tentando aprender ao ensinar e ensinar ao aprender, por intermédio desse diálogo *ao* e *com* o nosso educando.

O planejamento na perspectiva da escola cidadã está associado à dialogicidade. A exemplo do que já fez o Prof. José Eustáquio Romão em relação à avaliação, no livro *Avaliação dialógica: desafios e perspectivas* (Romão, 1998), apresentamos agora o **planejamento dialógico**. O diálogo, segundo Paulo Freire, "é o encontro amoroso dos homens que, mediatizados pelo mundo, o 'pronunciam', isto é, o transformam, e, transformando-o, o humanizam para a humanização de todos" (Freire,1982a:43).

Procuramos dar novo sentido à atividade de planejar quando afirmamos que esse processo deve ser dialógico. Queremos reconhecer que a razão é inseparável da emoção quando dizemos que é necessário organizar as prioridades e as ações escolares e educacionais para construir projetos e políticas emancipadoras, que nos permitam desvelar a realidade e revelar a nossa pronúncia, garantir a nossa voz, o nosso voto, escrever a nossa história com base no resgate, na vivência e no registro das experiências que temos e na interpretação desse registro, que respeitem e considerem a diferença, a diversidade cultural e o multiculturalismo presente na educação e na sociedade.

O planejamento dialógico é, na verdade, uma forma de **resistência** e representa uma **alternativa** ao planejamento autoritário, burocrático, centralizado e descendente, que ganhou as estruturas dos nossos sistemas educacionais e das nossas redes escolares. É resistência porque não aceita a continuidade de um modelo estático de planejamento, que não permite, em suas "estratégias", a participação de todas as pessoas envolvidas no processo educativo na definição das políticas públicas educacionais, frustrando as iniciativas históricas das escolas e das suas comunidades. É preciso, pois, resistir a esse modelo de planejamento não dialógico que "convoca" todas as pessoas a se engajar em ações predeterminadas por especialistas, que não dialogam porque consideram que é mais rápido, eficiente, eficaz e mais produtivo decidir em nome da maioria do que dialogar. Argumenta-se que dialogar leva tempo e não leva a nada. Enquanto isso acontece, dizem, todos devem submeter-se a sacrifícios no presente como forma de alcançar, no futuro, os objetivos estáticos definidos por uma minoria.

O planejamento dialógico é alternativa porque, com a ampliação da comunicação pelo diálogo coletivo e interativo desde a formulação das questões relacionadas, por exemplo, às questões orçamentárias, pedagógicas ou administrativas das escolas e das políticas públicas educacionais, vai acontecendo um processo de participação, de envolvimento, de troca de idéias, de resgate da cultura e de troca de experiências, de ações e de propostas concretas ou concretizáveis, que estimulam o enfrentamento dos problemas e dos desafios apresentados pelo cotidiano, o que está muito distante dos técnicos ou especialistas em planejamento. É essa a grande vantagem do planejamento dialógico, organizado, democraticamente sistematizado e voltado para o respeito à autonomia dos sujeitos partícipes desse processo.

No entanto, como nos adverte o próprio Paulo Freire, o diálogo não deve ser entendido "como uma técnica *apenas* que podemos usar para conseguir obter alguns resultados" (Freire, 1996:122). Ou seja, o diálogo não será uma tática atrelada ao planejamento para facilitar a manipulação dos participantes deste processo, o que acabaria por gerar consensos passivos. O planejamento dialógico resgata justamente a dimensão histórica da experiência das pessoas e do planejamento já instituído nas escolas ou nos sistemas educacionais, para ampliar a possibilidade de reconstrução do que já existe, partindo do instituído para instituir outra coisa, mas em coletividade e permanente comunicação, conforme nos lembra o professor Moacir Gadotti,

> O diálogo deve ser entendido como algo que faz parte da própria natureza histórica dos seres humanos. É parte do nosso progresso histórico do caminho para nos tornarmos seres humanos (...) é uma espécie de postura necessária, na medida em que os seres humanos se transformam cada vez mais em seres criticamente comunicativos. O diálogo é o momento em que os humanos se encontram para refletir sobre sua realidade tal como a fazem e re-fazem. Outra coisa: na medida em que somos seres comunicativos, que nos comunicamos uns com os outros enquanto nos tornamos mais capazes de *saber que*

> *sabemos*, que é algo *mais* do que só saber. (...) Através do diálogo, refletindo juntos sobre o que sabemos e não sabemos, podemos, a seguir, atuar criticamente para transformar a realidade (Freire, 1996:122-123).

É esta a dimensão dialógica que defendemos na Escola Cidadã, para que o planejamento, em vez de ser uma palavra desgastada, que mais gera resistências do que participação, seja ao mesmo tempo um caminho, uma ambiência espacial e temporal de encontro democrático, coletivo, crítico e criativo, para que possamos viver e transformar a realidade que hoje temos na realidade que queremos.

Paulo Freire, em *Pedagogia do oprimido* (1987), dedica um capítulo inteiro, o número 3, à reflexão sobre a dialogicidade, segundo ele, "essência da educação como prática da liberdade" (1987:77). O diálogo não se esgota da relação eu-tu, o que seria estritamente limitador. O diálogo "é esse encontro dos homens, mediatizados pelo mundo, para *pronunciá-lo* (idem, 78) (grifo do autor).

Para nós a dialogicidade representa essa importante prática que contribui para a reorganização democrática dos diversos tempos e espaços escolares. Associado à educação, o diálogo torna-se movimento amoroso, de pronúncia, de anúncio, ato de criação e de recriação conforme as palavras de Paulo Freire. Daí que planejar dialogicamente significa também a participação ativa e permanente de todas as pessoas nesse processo, construindo uma escola e, ao mesmo tempo, uma política educacional a partir da sala de aula, do "Círculo de Cultura", que trabalhe com o conhecimento e com as emoções em suas diversas dimensões, de forma problematizadora, crítica, reflexiva, criativa, confiante, amorosa, sistemática, concreta, utópica, transformadora, alegre e feliz.

Capítulo 1

PLANEJAMENTO, PLANO, PROJETO
Uma Tipologia

O que mata um jardim não é o abandono. O que mata um jardim é esse olhar vazio
De quem por ele passa indiferente.

Mário Quintana

Os termos "Planejamento", "Plano" e "Projeto" têm sido compreendidos de muitas maneiras. Durante o regime autoritário (1964-1985), eles foram utilizados com um sentido autocrático. Toda decisão política era centralizada e justificada tecnicamente por tecnoburocratas à sombra do poder. Muitos de nós, educadores e educadoras, acabamos tendo uma grande resistência à atividade de planejamento e à elaboração de planos, confundidos quase sempre com prática autoritária. Mas essa não é a única forma de compreender esses termos. Por isso começamos por uma explicitação deles.

Pretendemos, com o quadro que segue, dar ao leitor uma visão geral de como os termos citados têm sido compreendidos e explicados por diferentes autores, o que também nos ajudará a precisar o sentido que atribuímos a eles no decorrer deste livro. Ao invés de matar a curiosidade — pois quando apresentamos conceitos prontos corremos o risco de fazê-lo — objetivamos também que os termos que seguem possam ser ressignificados pelo nosso leitor e pela nossa leitura na sua práxis educativa cotidiana.

Planejamento

- "O significado do termo 'planejamento' é muito ambíguo, mas no seu uso trivial ele compreende a idéia de que sem um mínimo de conhecimentos das condições existentes numa determinada situação e sem um esforço de previsão das alterações possíveis dessa situação, nenhuma ação de mudança será eficaz e eficiente, ainda que haja clareza a respeito dos objetivos dessa ação. Nesse sentido trivial, qualquer indivíduo razoavelmente equilibrado é um planejador. Mas, quando pressupomos que haja uma 'ciência do planejamento', então, de certo modo, os reparos que fizemos à idéia de que se tem uma metodologia científica de aplicação universal valem também para o campo do planejamento. Não há uma 'ciência do planejamento' nem mesmo há métodos de planejamento gerais e abstratos que possam ser aplicados à variedade de situações sociais independentemente de considerações de natureza política, histórica, cultural, econômica etc." (Azanha, 1993:70-78).
- "Planejamento é um processo de busca de equilíbrio entre meios e fins, entre recursos e objetivos, na busca da melhoria do funcionamento do sistema educacional. Como processo, o planejamento não corre em um momento do ano, mas a cada dia. A realidade educacional é dinâmica. Os problemas, as reivindicações não têm hora nem lugar para se manifestarem. Assim, decide-se a cada dia, a cada hora" (Sobrinho, 1994:3).
- Planejamento é um "processo de tomada de decisões sobre a ação. Processo que num planejamento coletivo (que é a nossa meta) envolve busca de informações, elaboração de propostas, encontros de discussão, reuniões de decisão, avaliação permanente..." (MST, 1995:5).
- "Planejamento é o processo de reflexão, de tomada de decisão (...) enquanto processo, ele é permanente" (Vasconcellos, 1995:43).

- Planejamento é um "processo de previsão de necessidades e racionalização de emprego dos meios materiais e dos recursos humanos disponíveis, a fim de alcançar objetivos concretos, em prazos determinados e em etapas definidas, a partir do conhecimento e avaliação científica da situação original" (Martinez & Lahore, 1977:11)
- Planejamento "é um processo que se preocupa com 'para onde ir' e 'quais as maneiras adequadas de chegar lá', tendo em vista a situação presente e possibilidades futuras, para que o desenvolvimento da educação atenda tanto as necessidades do desenvolvimento da sociedade, quanto as do indivíduo" (Coroacy, 1972:79).
- Planejamento "é o processo de análise crítica que o educador faz de suas ações e intenções, onde ele procura ampliar a sua consciência em relação aos problemas do seu cotidiano pedagógico, à origem deles, à conjuntura na qual aparecem e quais as formas para a superação dos mesmos" (Fusari, s.d.[a]).
- Planejamento "é um processo contínuo e sistematizado de projetar e decidir ações em relação ao futuro, em função de objetivos políticos, sociais e administrativos claramente definidos. Envolve tomada de decisões e avaliação de cada decisão inter-relacionada. Planeja-se quando se acredita que, a menos que se faça alguma coisa, um estado futuro desejado não ocorrerá e que, se as atitudes apropriadas forem tomadas, aumenta-se a probabilidade de resultado favorável. Os princípios que caracterizam o processo de planejamento são: inerência, globalidade, viabilidade, pertinência e participação. Planejamento: instrumento de mobilização popular" (SME, 1992:9).
- O planejamento "é uma atividade essencial e exclusivamente humana. Somente o homem, como animal racional e temporal que é, realiza a complexa atividade de planejamento. (...) Pensar antes de agir. Organizar a ação. Adequar meios a fins e valores. Estas expressões sintetizam o conceito de planejamento, considerando-o uma técnica, uma ferramenta para a ação. Coloca-se esta questão dentro do que se convencionou chamar de visão instrumental do planejamento, destacando-se seu aspecto utilitário. (...) Global, integrado, contínuo, realista, flexível, interdisciplinar e multiprofissional, participativo: estas são algumas condições, entre outras, para um bom

planejamento, inclusive o educacional" (Fonseca, Nascimento & Silva, 1995:81-86).

Planejamento coletivo

- O planejamento coletivo é um "processo que combina participação com divisão de tarefas. Quer dizer, não significa reunir todo mundo para planejar tudo, desde os objetivos da escola até a aula do dia seguinte. Significa, em outras palavras, organizar as instâncias de tomada de decisões" (MST, 1995:8).

Planejamento educacional

- Planejamento educacional "é, antes de tudo, aplicar à própria educação aquilo que os verdadeiros educadores se esforçam por inculcar a seus alunos: uma abordagem racional e científica dos problemas. Tal abordagem supõe a determinação dos objetivos e dos recursos disponíveis, a análise das conseqüências que advirão das diversas atuações possíveis, a escolha entre essas possibilidades, a determinação de metas específicas a atingir em prazos bem definidos e, finalmente, o desenvolvimento dos meios mais eficazes para implantar a política escolhida. Assim concebido, o planejamento educacional significa bem mais que a elaboração de um projeto contínuo que engloba uma série de operações interdependentes" (UNESCO, in Menegolla & Sant'Anna, 1993:32).
- "Planejamento do Sistema de Educação é o de maior abrangência (enquanto um dos níveis de planejamento na educação escolar), correspondendo ao planejamento que é feito em nível nacional, estadual ou municipal. Incorpora e reflete as grandes políticas educacionais. Enfrenta os problemas de atendimento à demanda, alocação e gerenciamento de recursos etc." (Vasconcellos, 1995:53).

Planejamento curricular

- Planejamento curricular "é o processo de tomada de decisões sobre a dinâmica da ação escolar. É a previsão sistemática e ordenada de toda a vida escolar do aluno. É instrumento que orienta a educação, como processo dinâmico e integrado de todos os elementos que interagem para a consecução dos objetivos, tanto os do aluno, como os da escola" (Menegolla & Sant'Anna, 1993:52).

- Planejamento curricular, enquanto um dos níveis do planejamento na educação escolar, "é a proposta geral das experiências de aprendizagem que serão oferecidas pela escola, incorporada nos diversos componentes curriculares. Dá a espinha dorsal da escola, desde as séries iniciais até às terminais. A Proposta Curricular pode ter como referência os seguintes elementos: Fundamentos da Disciplina/Área de Estudo, Desafios Pedagógicos, Encaminhamento Metodológico, Proposta de Conteúdos, Processo de Avaliação. Muitas vezes, as propostas curriculares são feitas em nível de sistema de educação estadual ou de rede municipal, dando origem aos chamados 'Guias Curriculares'..." (Vasconcellos, 1995:53).

Planejamento de ensino

- Planejamento de ensino "é o processo que envolve a atuação concreta dos educadores no cotidiano do seu trabalho pedagógico, envolvendo todas as suas ações e situações, o tempo todo, envolvendo a permanente interação entre os educadores e entre os próprios educandos" (Fusari, 1988:10).

Planejamento escolar

- O planejamento escolar "é uma tarefa docente que inclui tanto a previsão das atividades didáticas em termos da sua organização e coordenação em face dos objetivos propostos, quanto a sua revisão e adequação no decorrer do processo de ensino. É um processo de racionalização, organização e coordenação da ação docente, articulando a atividade escolar e a problemática do contexto social" (Libâneo, 1992:221-2).
- "Planejamento global da escola é o nível do planejamento que corresponde às decisões sobre a organização, funcionamento e proposta pedagógica da escola. É o que mais re-

quer a participação do conjunto da comunidade" (MST, 1995:11).

- O planejamento da escola, enquanto outro nível do planejamento na educação escolar, é o que "chamamos de Projeto Educativo, sendo o plano global da instituição. Compõe-se de Marco Referencial, Diagnóstico e Programação. Envolve tanto a dimensão pedagógica, quanto a comunitária e administrativa da escola" (Vasconcellos, 1995:53).
- "O planejamento anual da escola consiste em elaborar a estratégia de ação para o prazo de um ano (um pouco mais ou um pouco menos, conforme a realidade específica de cada escola). Tomar as decisões sobre o que, para que, como e com que se vai fazer/trabalhar na escola durante este período, levando em conta as linhas tiradas no plano global" (MST, 1995:15).
- "Quando falamos em planejamento da educação escolar, entendemos que é o processo de análise crítica que o educador faz de suas ações e intenções, onde ele procura ampliar a sua consciência em relação aos problemas de seu cotidiano pedagógico, à origem deles, à conjuntura na qual aparecem e quais as formas para a superação dos mesmos" (Fusari, s.d.[a]:1).
- "O planejamento da educação escolar pode ser concebido como processo que envolve a prática docente no cotidiano escolar, durante todo o ano letivo, onde o trabalho de formação do aluno, através do currículo escolar, será priorizado. Assim, o planejamento envolve a fase anterior ao início das aulas, o durante e o depois, significando o exercício contínuo da ação-reflexão-ação, o que caracteriza o ser educador" (Fusari, 1988:9).

Planejamento participativo

- O planejamento participativo "se constitui num processo político, num contínuo propósito coletivo, numa deliberada e amplamente discutida construção do futuro da comunidade, na qual participe o maior número possível de membros de todas as categorias que a constituem. Significa, portanto, mais do que uma atividade técnica, um processo político vinculado à decisão da maioria, tomada pela maioria, em benefício da maioria" (Cornely, 1977:37).

- "Genericamente, o Planejamento Participativo constitui-se uma estratégia de trabalho, que se caracteriza pela integração de todos os setores da atividade humana social, num processo global, para solução de problemas comuns" (Vianna, 1986:23).
- Sobre o planejamento participativo: "(...)Valorizar a participação é considerar importante o próprio processo de planejamento e não apenas o produto final que é o plano com suas propostas. A eficácia torna-se, portanto, mensurável a partir de critérios mais amplos do que apenas custo e tempo. Aceitar o planejamento participativo como um valor a ser buscado deve fazer com que uma possível incapacidade inicial dos envolvidos para participar não seja impeditivo intransponível, justificador do abandono do esforço inicial rumo à participação. Antes, deve ser vista tal dificuldade como um desafio a superar. Nesta perspectiva, viabilizar a participação de todos passa a ser também uma tarefa educativa (...) O processo participativo, longe de ser estanque, é dinâmico e dotado de tensões que precisam ser vividas e administradas" (Fonseca, Nascimento & Silva, 1995:88-91).

Planejamento de aulas

- Planejamento de aulas "é a tomada de decisões referente ao específico da sala de aula: temas, conteúdos, metodologia, recursos didáticos, avaliação. Este planejamento vai desde o mais geral: um plano de curso para o ano ou semestre; até o plano por unidades (temáticas ou outras), o plano por semana e o planejamento de cada dia" (MST, 1995:7).

Plano

- "O Plano é um documento que registra o que se pensa fazer, como fazer, quando fazer, com que fazer, com quem fazer. Para que exista o Plano é necessário que um grupo tenha antes se reunido e, com base nos dados e informações disponíveis, tenha definido os objetivos a serem alcançados, tenha confrontado os objetivos com os recursos humanos e financeiros disponíveis, tenha definido o período de realização das ações, enfim, tenha organizado o conjunto de ações e recursos. O Plano evita o improviso, o imediatismo, a ausência de perspectivas, pois ele antecipa, ele prevê. O Plano passa a ser um referencial, um norte para as ações educacionais do município. Com o Plano é possível então acompanhar o seu desempenho, avaliar se os resultados alcançados foram ou não os esperados, onde houve desvios, quais os problemas enfrentados. Planejamento e Plano estão estreitamente relacionados, mas não são sinônimos. O primeiro representa o processo e o segundo é um registro do processo (Sobrinho, 1994:3-4).

- Plano é a "apresentação sistematizada e justificada das decisões tomadas relativamente à ação a realizar. Ou seja, o plano é o documento que diz o que vai ser feito, quando, de que maneira, por quem, para chegar a que resultado. E segundo o destinatário desse documento, ele pode conter também a explicação do porquê das decisões tomadas: elementos das pesquisas, estudos e análises feitos para se poder decidir o que se decidiu" (Ferreira, 1979:59).
- Plano é o "documento onde se registram, por escrito, segundo um determinado roteiro, as decisões tomadas no processo de planejamento. É feito para ajudar a memória do processo. Passa a ser o papel que se consulta durante a realização da ação" (MST, 1995:5).
- "Plano é um corte no processo de planejamento — que torna explícitos os seus elementos já conhecidos: é um instantâneo da situação presente que fixa os objetivos, suas interdependências e prioridades, meios e recursos, estimativas de prazos e custos" (Celso Lamparelli, in Bierrenbach, 1981:30).
- Plano "é um guia de orientação, pois nele são estabelecidas as diretrizes e os meios de realização do trabalho docente. Como a sua função é orientar a prática, partindo das exigências da própria prática, ele não pode ser um documento rígido e absoluto, pois uma das características do processo de ensino é que está sempre em movimento, está sempre sofrendo modificações face às condições reais (Libâneo, 1992:223).

- "Plano é a formalização dos diferentes momentos desse processo (de planejamento), que é permeado por desafios e contradições" (Fusari, s.d.[a]:3).
- "Plano é o produto, que como tal pode ser explicitado em forma de registro, de documento ou não (...) enquanto produto, é provisório" (Vasconcellos, 1995:43).

Plano curricular

- O plano curricular "define e expressa a filosofia de ação da escola, seus objetivos e toda a dinâmica escolar, os quais fundamentam-se, naturalmente, na filosofia da educação, expressa nos planos nacional e estadual. A partir dele, é planejada, de maneira sistemática e global, toda a ação escolar" (Menegolla & Sant'Anna, 1993:48).

Plano de aula

- O plano de aula "é a previsão do desenvolvimento do conteúdo para uma aula ou conjunto de aulas e tem um caráter bastante específico" (Libâneo, 1992:225).

Plano de curso

- Plano de curso "é o planejamento geral para o ano ou semestre. É feito no início do ano junto com o plano anual da escola" (MST, 1995:21).
- O plano de curso é "um documento que deve funcionar como orientador da rota, a direção estabelecida pelos educadores, onde fique claro o ponto de partida, a trajetória e o ponto de chegada do trabalho individual-coletivo dos educadores da escola. Sua finalidade é estimular uma reflexão em torno do trabalho pedagógico que o curso pretende desenvolver, registrando num documento a essência da proposta curricular que o curso pretende. (...) é assim um documento que apresentará, no caso da H.E.M., a proposta pedagógica (objetivos gerais, conteúdos básicos, metodologia, sistemática de

avaliação e bibliografia básica) que corresponde ao cidadão-educador que o curso pretende formar, no período de quatro anos. Desta forma, uma escola que mantém vários cursos terá, portanto, vários planos, quantos forem os cursos (Fusari, 1988:1-24).

Plano de disciplina

- O plano de disciplina "é um instrumento para sistematizar a ação concreta do professor, a fim de que os objetivos da disciplina sejam atingidos. É a previsão dos conhecimentos e conteúdos que serão desenvolvidos na sala de aula, a definição dos objetivos mais importantes, assim como a seleção dos melhores procedimentos e técnicas de ensino, como também, dos recursos humanos e materiais que serão usados para um melhor ensino e aprendizagem" (Menegolla & Sant'Anna, 1993:64).

Plano de ensino

- Plano de ensino "é um momento de documentação do processo educacional escolar como um todo, ou seja, um documento elaborado pelo(s) docente(s), contendo a(s) sua(s) proposta(s) de trabalho, numa área e/ou disciplina específica. Deve ser percebido como um instrumento orientador do trabalho docente, tendo-se a certeza de que a competência pedagógico-política do educador escolar deve ser mais abrangente do que aquilo que está registrado no seu plano" (Fusari, s.d. [b]:46).
- Plano de ensino "é o documento, elaborado pelo professor, onde ele apresenta sua proposta de trabalho para o ano, semestre ou bimestre, de acordo com o que ficou acertado no grupo de professores de uma mesma escola. Deverá refletir o processo de planejamento como um todo, onde aparecem os objetivos educacionais que os professores buscam alcançar (pontos de chegada); os conteúdos a serem trabalhados (meio para atingimento dos objetivos); a articulação dos conteúdos com o método, técnicas e recursos de ensino-aprendizagem e a sistemática de avaliação da aprendizagem" (Fusari, s.d.[a]:14).

- "Plano de ensino (ou plano de unidades) é a previsão dos objetivos e tarefas do trabalho docente para um ano ou semestre; é um documento mais elaborado, dividido por unidades seqüenciais, no qual aparecem objetivos específicos, conteúdos e desenvolvimento metodológico" (Libâneo, 1992:225).

Plano de unidade

- O plano de unidade é "também chamado planejamento por temas geradores. Feito de acordo com o tempo de duração de cada tema. Pode ser de quinze dias, um mês, dois meses... Depende da potencialidade geradora do tema" (MST, 1995:21).

Plano escolar

- É o documento-síntese, resultado de todo o processo de planejamento da educação escolar, que representa o plano de curso da escola como um todo. O plano escolar engloba todos os planos de curso que, por sua vez, representam os planos de ensino dos professores, nas diferentes disciplinas" (Fusari, s.d.[a]:13).
- O plano da escola "é um documento mais global; expressa orientações gerais que sintetizam, de um lado, as ligações do projeto pedagógico da escola com os planos de ensino propriamente ditos" (Libâneo, 1992:225).
- O plano escolar "é o documento que apresenta as propostas de ação da unidade, face a um diagnóstico da realidade que indicou o total das necessidades. Estas ações são priorizadas face à escassez de recursos e à impossibilidade de atender a todas as necessidades ao mesmo tempo. Os planos das escolas são sintetizados e compatibilizados a nível regional, e a totalidade das propostas apresentadas devem ser repriorizadas pelas escolas no coletivo, resultando em dez Planos Regionais — um para cada Núcleo de Ação Educativa" (SME/SP, 1992:14).

Plano geral da SME

- "O conjunto dos Planos Regionais, com a indicação das necessidades dos órgãos intermediários, comporá o Plano Geral da SME que é, por sua vez, um Plano Setorial do Município, assim como o é o da Saúde, Habitação, Bem-estar Social, etc." (SME/SP, 1992:14).

Plano municipal

- "O conjunto dos Planos Setoriais comporá o Plano Municipal que será encaminhado à Câmara Municipal após o referendo popular em plenárias" (SME/SP, 1992:14).
- O que se busca com esses procedimentos não é apenas a elaboração do Plano Setorial da Educação a nível municipal, de forma participativa. Busca-se utilizar o planejamento como um instrumento de mobilização social" (SME/SP, 1992:14).

Plano nacional de educação

- O plano nacional de educação é "onde se reflete toda a política educacional de um povo, inserido num contexto histórico, que é desenvolvida a longo, médio ou curto prazo" (Menegolla & Sant'Anna, 1993:48).
- "Art. 1º do Plano Nacional de Educação de 1949: código da educação nacional, é o conjunto de princípios e normas adotadas por esta lei para servirem de base à organização e funcionamento das instituições educativas, escolares e extra-escolares, mantidas no território nacional pelos poderes públicos ou por particulares" (PNE de 1949, in Azanha, 1993:73).

Planos de ensino

- Planos de ensino "são os planos de disciplinas, de unidades e experiências propostas pela escola, professores, alunos ou pela comunidade. Se situam num nível bem mais específico e concreto em relação aos outros planos. Eles definem e operacionalizam toda a ação escolar, configurada no plano curricular da escola. São meios para dinamizar a educação e o ensino, numa realidade escolar bem concreta, através do processo de ensino. Neles são trabalhados os componentes fundamentais do plano curricular (filosofia educacional da escola, os objetivos, as disciplinas e os conteúdos). Eles especificam os objetivos, os conteúdos, os recursos humanos e materiais, os procedimentos e o processo de avaliação. Estes planos de ensino compreendem os planos de disciplinas, unidades, de aulas e de outras atividades ou experiências de ensino" (Menegolla & Sant'Anna, 1993:49).

Plano de curso

- Plano de curso "é a organização de um conjunto de matérias, que vão ser ensinadas e desenvolvidas em uma escola, durante um período relativo à extensão do curso em si, exigido pela legislação ou por uma determinação explícita, que obedece a certas normas ou princípios orientadores. Pode ser considerado, ainda, como um conjunto de elementos que constituem a organização estrutural de um determinado evento promocional, em relação à educação, ao ensino, ou à aprendizagem de alguma profissão, atividades, ou o desenvolvimento de habilidades específicas, dentro de um campo geral ou específico" (Menegolla & Sant'Anna, 1993:59).
- "O plano de curso é a sistematização da proposta geral de trabalho do professor naquela determinada disciplina ou área de estudo, numa dada realidade. Pode ser anual ou semestral, dependendo da modalidade em que a disciplina é oferecida" (Vasconcellos, 1995:117).

Planos regionais

- Os planos regionais "compõem-se das diretrizes regionais para a educação, selecionadas a partir das diretrizes governamentais, do diagnóstico da realidade educacional na região, das propostas em execução no ano em curso e sua respectiva avaliação visando a sua continuidade ou não, das propostas para solucionar os problemas encontrados, em ordem de prioridade, e dos custos de manutenção e investimentos necessários a sua implantação" (SME/SP, 1992:14-15).

Programa

- "Programa é constituído de um ou mais projetos de determinados órgãos ou setores, num período de tempo definido" (Celso Lamparelli, in Bierrenbach, 1981:30).

Projeto

- "Projeto é um modelo capaz de conduzir a ação à consecução dos seus objetivos" (Celso Lamparelli, texto baseado na tese "Uma Contribuição para o Método de Planejamento e seu ensino, in Bierrenbach, 1981:30).
- "o projecto é uma antecipação. A utilização do prefixo pro-, que significa antes, na terminologia da planificação e nomeadamente nas noções de pro-jecto e de pro-grama, é neste ponto de vista significativa: o conteúdo de um projeto não tem a ver com acontecimentos ou objectos pertencendo ao ambiente actual ou passado do actor que o elabora, mas com acontecimentos ou objectos ainda não verificados; não se debruça sobre factos, mas sobre possíveis; relaciona-se com um tempo a vir, com um futuro de que constitui uma antecipação, uma visão prévia" (Barbier, 1993:49).
- Projeto é "um conceito que, para além de ser polissêmico, logo numa análise sincrônica, é-o também quando o olhamos no seu trajecto histórico. Assumindo um sentido específico no contexto da sociedade industrial, onde tende a afirmar-se enquanto expressão de uma razão todo-poderosa, com o declínio da miragem do progresso técnico e científico acaba por se transformar no instrumento privilegiado de uma estratégia de conciliação das prerrogativas da razão com os seus próprios limites, ou se quiser, da previsibilidade (pelo saber) com a imprevisibilidade (do real). No terreno muito concreto da educação institui-se, entretanto, como estratégia pedagógica dado o seu potencial valor formativo (...) se pensarmos que, saindo das lógicas disciplinares estritas, ainda podere-

mos distinguir, nomeadamente, os projectos individuais dos coletivos, ou os projectos concebidos enquanto estratégicas dos projectos colocados como fins a realizar — como ideais a concretizar —, verificamos que a noção em causa é quase que infinitamente complexicável" (Adalberto Dias de Carvalho e Manuela Afonso, in Carvalho, 1993:16).

Projeto de ação

- Projeto de ação é uma "imagem antecipadora e finalizante de seqüência ordenada de operações susceptíveis de conduzir a um novo estado da realidade-objecto da ação" (Barbier, 1993:66).

Projeto de finalidades (ou projeto educativo)

- "O projecto de finalidades ou projecto educativo estabelece, sobretudo, valores, grandes perspectivas, em torno das quais o acordo é facilmente encontrado. Tem características predominantes ideológicas e políticas, inserindo-se o seu desenvolvimento na dimensão de um tempo longo. O consenso é atingido dado o grau de generalidade dos seus enunciados. (...) Precisamente pela sua fluidez, o projecto educativo (ou de finalidades) corre o risco de redundar num projecto ideológico, insusceptível de controlo, se não for associado a uma programação que, por seu turno, viabilize a respectiva avaliação. Mas, em todas as circunstâncias, o projecto educativo — mais consentâneo com as aspirações da comunidade global — deverá proporcionar grandes consensos em torno de princípios de ordem cultural e social, os quais contrastarão pela sua forma mas complementarão pelo seu conteúdo o projecto pedagógico desenvolvido pela comunidade educativa restrita e interior à escola" (Adalberto Dias de Carvalho e Manuela Afonso, in Carvalho, 1993:17-18).

Projeto educativo

- O Projeto de Ação Educativa (PAE) "é mais utilizado para designar as actividades educativas organizadas no quadro das disposições ministeriais do que para falar da sua elaboração. Acontece freqüentemente que diversos actores da educação (equipas, movimentos pedagógicos etc.) recorrem à noção de projecto simplesmente para designar algumas ações que executam no meio educativo" (Barbier, 1993:36).

- "O Projeto Educativo é o plano global da instituição. Construído participativamente, é uma tentativa, no âmbito da educação, de resgatar o sentido humano, científico e libertador do Planejamento. (...) Pode ser entendido como a sistematização, nunca definitiva, de um processo de Planejamento Participativo, que se aperfeiçoa e se concretiza na caminhada, que define claramente o tipo de ação educativa que se quer realizar. É um instrumento teórico-metodológico para a transformação da realidade. É um elemento de organização e integração da atividade prática da instituição nesse processo de transformação" (Vasconcellos, 1995:143-145).

Projeto político-pedagógico

- "É preciso entender o projeto político-pedagógico da escola como um situar-se num horizonte de possibilidades na caminhada, no cotidiano, imprimindo uma direção que se deriva de respostas a um feixe de indagações tais como: que educação se quer e que tipo de cidadão se deseja, para que projeto de sociedade? A direção se fará ao se entender e propor uma organização que se funda no entendimento compartilhado dos professores, dos alunos e demais interessados em educação" (Romão & Gadotti, 1994:42).

Capítulo 2

CONCEPÇÕES DE PLANEJAMENTO

Simplesmente, não posso pensar pelos *outros*
nem para *os outros, nem* sem *os outros.*

Paulo Freire, 1981

Para nós, a atividade de planejar é atividade intrínseca à educação por suas características básicas de evitar o improviso, prever o futuro, de estabelecer caminhos que podem nortear mais apropriadamente a execução da ação educativa, especialmente quando garantida a socialização do ato de planejar, que deve prever o acompanhamento e a avaliação da própria ação.

Pensando nas relações entre administração e educação, a professora Maria Cecília Sanchez Teixeira afirma que "existe um certo paralelismo entre a administração e a pedagogia na medida em que tanto as teorias pedagógicas como as administrativas fundamentam-se nos mesmos pressupostos, ou seja, na mesma concepção de homem, de sociedade e de organização" (Teixeira, 1987:75).

Na prática educativa temos observado que o projeto educativo (atividade-fim) é determinado não por um modelo de administração ou de organização para determinada escola ou mesmo para determinado sistema educacional, mas por teorias e modelos administrativos (atividade-meio) preexistentes, que acabam definindo o tipo de organização dos sistemas educacionais ou escolares. Dá-se uma inversão de valores. Isso acontece porque o próprio conceito de educação utilizado acaba considerando as instituições educacionais como "organizações que *maximizam* os resultados educacionais de acordo com as demandas sociais, embora dentro de certas restrições de recursos" (ibid., p. 77).

O estudo das características gerais de diferentes teorias da administração nos permitirá compreender melhor estas relações entre administração, educação e planejamento educacional.

Teorias da administração: características gerais

Lembramos que na *Administração científica* proposta por Taylor, o princípio do planejamento é o primeiro princípio de uma gerência com novas atribuições e responsabilidades, consistindo em "substituir no trabalho o critério individual do operário, a improvisação e a atuação empírico-prática, pelos métodos baseados em procedimentos científicos" (Chiavenato, 1979:51). Dá-se aí a divisão do trabalho e o nível cada vez maior de especialização claramente definidos.

Para Fayol, por exemplo, a *previsão*, que é a primeira característica da função administrativa, significa visualizar o futuro e traçar o programa de ação. Ao tratar do princípio da divisão do trabalho, esse autor também afirma que a especialização é necessária à eficiência na utilização da mão-de-obra, seja qual for a função exercida.

Por volta de 1920, alguns autores (denominados por Chiavenato de "transitivos", por estarem entre a *Teoria Clássica* e a subseqüente *Teoria das Relações Humanas*, apesar de defenderem alguns princípios da Teoria Clássica da Administração) tentam pioneiramente aplicar à administração empresarial alguns princípios da Psicologia ou da Sociologia.

Entre os autores "transitivos" estão Tead, Miss Follett e Barnard, que também contribuíram em relação à questão do planejamento.

Para Ordway Tead, planejar é definir as políticas e os procedimentos de trabalho. A liderança tem importante papel na administração, e o sucesso da organização depende do processo de persuasão utilizado pelo administrador, ou seja, a aceitação dos objetivos depende da maneira como eles são apresentados aos subordinados.

Tead considera que o líder é um agente moral e, principalmente, o símbolo da democracia dentro da organização, pois, a partir dele, a escolha dos objetivos poderá ser compartilhada pelos demais integrantes da organização e todos estarão imbuídos do sentimento de liberdade e vontade de colaborar com o seu melhor esforço criador.

Com Miss Follet, ganha força a aplicação da Psicologia na Administração, uma vez que se considera que o objetivo básico da ação administrativa é obter a integração das pessoas e a coordenação das suas atividades. O Prof. Chiavenato esclarece que, para Follet, toda decisão "é um momento de um processo" e torna-se importante somente no contexto desse processo. Qualquer pessoa dentro da organização é considerada importante na medida em que intervém para tomar uma decisão em um processo geral e não por fazer parte da hierarquia (ibid., p. 118). Nessa direção, a filosofia da organização resume-se na "interpenetração de autoridade ao invés da superautoridade e no controle sobre fatos mais do que sobre pessoas" (ibid.., p. 119).

Comparada à Escola Clássica a proposta de Miss Follet representa um avanço que se amplia ainda mais a partir de 1938, quando Chester Barnard (1886-1961), americano graduado em Harvard, desenvolve uma teoria sobre as organizações, propondo um tipo de interação humana que denomina "relações sociais". Para Barnard, o grupo é mais do que a soma das interações entre os indivíduos que o constituem. Assim, *além de sua tarefa tradicional de planejar*, o executivo de uma empresa deve organizar, motivar, controlar e, principalmente, desenvolver sua eficiência como planejador social. Note-se que a atividade de planejar permanece centralizada nas mãos do executivo, ainda que sua função seja estendê-la aos demais "indivíduos" que trabalham na empresa.

Segundo Barnard, é justamente a falta de planejamento social a responsável por grande parte da ineficiência das organizações. Portanto, de acordo com esta teoria, "a administração pode ser definida como um processo pelo qual se criam oportunidades, se removem obstáculos, se liberta o potencial do indivíduo, se motiva o desenvolvimento e durante o qual a organização age como guia mentora. Trata-se mais de administração através de resultados do que de administração através de controle" (ibid., p. 126).

A *Teoria das Relações Humanas*, também chamada *Escola Humanística da Administração*, surgiu nos Estados Unidos na década de 1920, como um movimento de oposição à *Teoria Clássica da Administração*, e foi conseqüência das experiências desenvolvidas por George Elton Mayo (1880-1949) e seus colaboradores. Trata-se de uma teoria que aponta para a necessidade de se humanizar e democratizar a Administração, decorrente do desenvolvimento das chamadas ciências humanas, principalmente a psicologia e a sociologia, que se utilizam, sobretudo, das idéias da filosofia pragmática de John Dewey e da Psicologia Dinâmica de Kurt Lewin.

A *Teoria das Relações Humanas*, segundo Chiavenato (1979:146), trouxe novas dimensões e novas variáveis para a teoria da Administração. Interessa-nos enfatizar aqui que a *Teoria das Relações Humanas* trabalha com os conceitos da delegação de autoridade, com a autonomia do empregado, com a confiança e abertura, com a ênfase nas relações humanas e com a dinâmica interpessoal e grupal, acentuando a importância, por exemplo, do "moral elevado", da "liderança" (que pode ser autocrática, democrática ou *laissez-faire*), da "dinâmica de grupo", da "participação" e da "comunicação", entre os grupos. O trabalho, nessa teoria, é, portanto, uma atividade grupal, e a participação dos escalões mais inferiores na solução dos problemas da organização é incentivada a partir da introdução das ciências do comportamento nas práticas administrativas e na prática do planejamento em particular.

Observamos que mesmo após o surgimento da *Teoria das Relações Humanas*, que acentua a influência do comportamento sobre a teoria administrativa, "os pontos de vista dos autores clássicos nunca deixaram de subsistir" (ibid., p. 195). Na verdade, todas as teorias administrativas, segundo Chiavenato, assentaram-se na *Teoria Clássica*, seja como ponto de partida, seja como crítica para tentar uma posição diferente.

No mesmo movimento de inovações, como reação natural à *Teoria das Relações Humanas*, surge a *Teoria Neoclássica de Administração*, que é a mesma *Teoria Clássica* atualizada a partir de "um ecletismo que aproveita a contribuição de todas as demais teorias" (ibid.), embora não se trate verdadeiramente de uma escola bem definida, mas de um movimento relativamente heterogêneo, do qual participam diversos autores (Peter F. Drucker, Ernest Dale, Harold Koontz, Cyril O'Donnell, Michael Jucius, William Newman, Ralpah

Davis, George Terry, Morris Hurley, Louis Allen, além dos autores da Escola da *Administração por Objetivos* ou administração por resultados, que constitui uma estratégia administrativa bastante difundida e plenamente compatível com o espírito pragmático e democrático da *Teoria Neoclássica*). Entre seus autores estão Peter F. Drucker, John W. Humble e George Odiorne.

Em síntese, a *Teoria Neoclássica* enfatiza os aspectos práticos da administração e a busca de resultados concretos e palpáveis, reafirma relativamente os postulados clássicos e os seus princípios, estabelecendo normas de comportamento administrativo e acentuando a busca do alcance dos objetivos e a produção de resultados. Além disso, por seu ecletismo, absorve o conteúdo de quase todas as outras teorias administrativas. A função do administrador continua ser a de planejar, organizar, dirigir e controlar.

Na *Teoria Neoclássica da Administração*, o planejamento tem as seguintes características: é um processo permanente e contínuo (não se esgota na montagem de um plano de ação), é sempre voltado para o futuro (é sempre previsão), visa à racionalidade da tomada de decisões (orienta o processo decisório e elimina a possibilidade do erro), visa selecionar entre várias alternativas um curso de ação (de curto, médio ou longo prazo), é sistêmico (considera todo o sistema ou toda a unidade que está sendo planejada), é iterativo (flexível a ajustamentos e correções), é uma técnica de alocação de recursos (deve otimizar a alocação e dimensionamento de recursos), é uma técnica cíclica (deve ser sempre avaliado e replanejado), é uma função administrativa que interage dinamicamente com as demais (influencia e é influenciado pela organização, direção e controle), é uma técnica de coordenação (integração e sincronização dos diferentes órgãos), e é, ainda, uma técnica de mudança e inovação (favorece a introdução deliberada de inovações) (ibid., pp. 233-234).

Por outro lado, a *Administração por Objetivos* (APO) ou a administração por resultados, citada anteriormente que, ao nosso ver, tem sido muito utilizada na educação, é um método centrado nos objetivos, no planejamento ou na estratégia de corporação. Conforme Humble, citado por Chiavenato (ibid., p. 379), "a APO é um sistema dinâmico que integra a necessidade da companhia de alcançar os seus objetivos de lucro e crescimento, a par da necessidade do gerente de contribuir para o seu próprio desenvolvimento. É um estilo exigente e compensador de administração de empresas". Os objetivos são estabelecidos por posições de gerência, e esta procura fazer com que os subordinados se comprometam com as metas estabelecidas e se sintam co-responsáveis por elas.

Advêm daí os conceitos de Planejamento Estratégico e Planejamento Tático, relacionados às empresas. O primeiro refere-se ao "conceito geral da firma no futuro e as previsões e distribuição dos recursos totais às oportunidades oferecidas pelo mercado e pelos produtos, a fim de realizar o potencial de lucros da companhia por via das estratégias escolhidas" (ibid., p. 391). O segundo, uma vez autorizado o plano estratégico, "abrange todos os projetos e ações detalhadas em que implica sua implementação" (ibid.).

Reflexos das teorias administrativas no planejamento educacional: tradições e enfoques

Depois de estudar brevemente as várias teorias da administração empresarial, às quais estão associadas às diferentes formas de planejamento no seu sentido mais amplo e conseqüentemente também no que se refere ao planejamento educacional, recorremos agora a Benno Sander para aprofundar nossa reflexão sobre o pensamento administrativo e, principalmente, sobre seus reflexos no planejamento educacional.

A pesquisa de Sander refere-se à "trajetória do pensamento administrativo na educação latino-americana" (Sander, 1995:1) e fornece uma "apresentação crítica de teorias organizacionais e administrativas adotadas historicamente na educação à luz de suas tradições filosóficas e sociológicas contrárias" (ibid., p. 77).

O autor responsabiliza a importação de modelos de gestão pelas implicações econômicas, políticas e culturais, sobretudo a partir dos três movimentos que originaram a escola clássica de administração no início do século XX, quais sejam, a *Administração Científica* nos Estados Unidos, a *Administração Geral* na França e *a Administração burocrática* na Alemanha.

Essas *Escolas Clássicas de Administração*, cujas características gerais e individuais estudamos anteriormente, têm influenciado as práticas administrativas baseadas em concepções universais que se divulgaram rapidamente pelo mundo, incluindo os países da América Latina, e tiveram reflexos diretos no Brasil, como analisaremos no próximo item deste capítulo.

Benno Sander identifica duas tradições filosóficas contrárias: a *tradição funcionalista do consenso*, que teria raízes nas teorias positivistas e evolucionistas que têm caracterizado historicamente o pensamento científico do Ocidente, e a *tradição interacionista do conflito*, que se baseia nas teorias críticas e libertárias enraizadas no marxismo, no existencialismo, no anarquismo, na fenomenologia, na teoria crítica e na abordagem de ação humana (ibid., pp. 77-78).

Procuraremos identificar no cotidiano de nossas instituições escolares o que Sander assinala, sintetizando sua pesquisa e relacionando as principais características dos vários *enfoques* ou modelos que ele nos apresenta. Tais enfoques são os denominados *jurídico*, *tecnocrático*, *comportamental*, *desenvolvimentista* e *sociológico*.

Esclarecemos que essa síntese não terá como preocupação primeira os contextos históricos, apesar de sua importância, mas focalizará as características gerais de cada enfoque apresentado, buscando nelas os referenciais para nosso trabalho.

O enfoque *jurídico*, presente na América Latina desde o período colonial até a primeira década do século XX, caracteriza-se por sugerir *práticas normativas e legalistas*, que enfatizam a ordem e um sistema fechado de administração. Aqui verificamos um vínculo com o direito Romano que considerava a lei um ideal a ser alcançado. Por extensão, entendemos que a administração educacional e a organização escolar centram-se em planos e planejamentos também ideais, distanciados das circunstâncias concretas aos quais são aplicados.

Esse enfoque, segundo Sander, sofre influência também da Igreja católica (caráter normativo da *Ratio Studiorum*) e da Igreja protestante, do positivismo francês e dos modelos europeus de administração que enfatizam a necessidade da ordem, da organização centralizada e do equilíbrio nas gestões administrativas. Para ele, "na educação, a influência do positivismo se manifesta desde o século passado no conteúdo universalista de seu currículo enciclopédico, na sua metodologia científica de natureza descritiva e empírica e nas práticas prescritivas de organização e gestão" (ibid., p. 10).

Por sua vez, o enfoque *tecnocrático* caracteriza-se mais pelo "forte predomínio dos quadros técnicos preocupados pela adoção de soluções racionais para resolver problemas organizacionais e administrativos" (ibid., p. 11).

A partir das características desse enfoque, constatamos que a educação acabou adotando esse modelo de administração e de gestão empresarial, que privilegia a tecnocracia como sistema de organização. Trata-se de uma influência européia e norte-americana que defende o funcionamento eficiente e racional de todas as organizações. É nesse sentido que a função de planejar, com vista à solução dos problemas educacionais, tem sido atribuída aos especialistas e aos tecnocratas que, supostamente, dominam as técnicas organizacionais e administrativas, como já analisamos no primeiro capítulo.

Em geral, as teorias dessa etapa baseiam-se nos princípios da *Escola Clássica de Administração*, preconizados nas primeiras décadas do século XX por Fayol na França e por Taylor e seus seguidores nos Estados Unidos, conforme vimos anteriormente.

Outra característica importante do enfoque tecnocrático é a dicotomia entre política e administração. É daí que surge, por exemplo, a separação, na teoria política, dos poderes executivo, legislativo e judiciário. Seguindo esta norma, o artigo 2º da Constituição brasileira, promulgada em 5 de outubro de 1988, diz: "São Poderes da União, independentes e harmônicos entre si, o Legislativo, o Executivo e o Judiciário" (Constituição da República Federativa do Brasil, in Oliveira, Juarez, 1995:3).

Os defensores do enfoque tecnocrático no Brasil foram os chamados "reformistas", entre os quais se destacam Anísio Teixeira, Querino Ribeiro, Carneiro Leão e Lourenço Filho. O primeiro "teve particular influência no campo das políticas públicas e da gestão do ensino, marcando profundamente o pensamento pedagógico desde os anos trinta até a década de setenta (...) se preocupando, contudo, com a defesa da identidade cultural e a promoção dos valores característicos da sociedade latino-americana" (Sander, 1995:14).

Outro enfoque apresentado por Sander, o *comportamental*, tenta resgatar a dimensão humana da administração. Ele se identifica, geralmente, "com a eclosão do movimento psicossociológico das relações humanas deflagrado a partir dos estudos de Hawthorne realizados entre 1924 e 1927 nos Estados Unidos da América" (ibid., p. 15). É a partir daí que práticas como a dinâmica de grupo, o desenvolvimento organizacional, a análise transacional, a formação de líderes e a teoria dos sistemas, influenciadas pela Psicologia, pela Sociologia e pela Psicologia social, tomam força na gestão empresarial e por conseguinte na gestão escolar.

Na verdade, haveria aí certa interação entre a dimensão humana e a dimensão institucional da administração, "que adotam os conceitos funcionalistas e os instrumentos analíticos específicos da teoria dos sistemas aplicada à educação e à sua administração" (ibid., p. 17).

A concepção da gestão da educação como *ato pedagógico* e não meramente como um ato ou prática comercial, é também uma manifestação deste enfoque de administração, só que agora numa perspectiva fenomenológica. A partir desta contribuição, ficou marcada uma gestão educacional realizada de acordo com uma aproximação direta do fenômeno educacional, com a necessidade de interpretar tal fenômeno conforme as condições concretas e reais da educação. Enfatiza-se, aí, a tendência, hoje bastante comum, de se estabelecer objetivos para todo o sistema educacional e procurar alcançá-los de modo eficaz

Outro enfoque apresentado por Benno Sander é o *desenvolvimentista*, em que, como o próprio nome o sugere, os governos pretendem implementar políticas e planos para atingir seus objetivos econômicos e sociais. Por isso, a administração deve adequar-se a tais objetivos e dedicar-se ao estudo dos métodos utilizados pelos governos para implementar as referidas políticas e para alcançar os objetivos por ele estabelecidos.

No Brasil, o enfoque desenvolvimentista característico da reconstrução econômica mundial do pós-guerra aparece como esforços descritivos e prescritivos que se relacionam com a modernização da administração pública.

O planejamento da educação, por exemplo, surge como instrumento fundamental para a consagração do "papel da educação enquanto fator de desenvolvimento econômico, como instrumento de progresso técnico e como meio de seleção e ascensão social" (ibid., p. 21). Tal ideário é incentivado e apoiado pela Unesco, OEA e Cepal, promotoras da Reunião Fundacional do Planejamento Integrado da Educação, realizada em 1958 em Santiago.

O último enfoque ao qual nos referimos inicialmente, o *sociológico*, é decorrente do fracasso do enfoque desenvolvimentista, incapaz de atender ao enorme otimismo educacional e pedagógico que via a educação como fator de desenvolvimento econômico e humano. Ao contrário de todos os anteriores, esse enfoque preocupa-se com a "adequação política e cultural dos conhecimentos científicos e tecnológicos na educação e na administração" (ibid., p. 23).

Sua origem está na teoria da dependência nascida a partir do estruturalismo cepalino presente na Economia e na Sociologia. Na educação, segundo Sander, o protagonista mais influente do pensamento crítico latino-americano da época foi Paulo Freire, sobretudo a partir de seus "conceitos de conscientização e educação libertadora e sua metodologia dialética" (ibid., p. 136).

O enfoque *sociológico,* no que se refere à educação, defende basicamente a concepção de uma administração fundamentada em valores culturais e políticos devidamente contextualizados. Propõe, ainda, que os problemas educacionais sejam resolvidos no contexto sociopolítico mais amplo. Em suma, este enfoque, com todas as suas variações posteriores mais atuais como, por exemplo, a busca de uma administração da educação de caráter interdisciplinar, propõe que a prática educacional, em todos os níveis, seja mais bem explicitada, evidenciando as relações de dominação social e a diferença entre classes sociais. Nos enfoques anteriores, essa preocupação não existia.

As referências que fizemos às construções conceituais e analíticas, a partir das quais Sander analisa a construção do conhecimento na administração da educação, são completadas com um estudo sobre as diferentes teorias organizacionais e administrativas. A partir deste estudo, Sander distingue duas *tradições contrárias* em termos filosóficos e sociológicos e as subdivide para fins de sua reflexão.

À *tradição funcionalista* de administração da educação, Sander associa o que chama de Administração Burocrática, Administração Idiossincrática e Administração Integradora.

Podemos associar a *Administração Burocrática* às características do enfoque jurídico acima enumeradas, que dá origem a uma administração que "se preocupa com o cumprimento das leis e das normas que regem o funcionamento da instituição educacional e com a defesa de seus interesses como sistema, desconsiderando a importância de seus participantes como pessoas" (ibid., p. 85). Nessa perspectiva, administrar significa procurar atingir os objetivos por intermédio de uma organização que favoreça a eficácia do sistema, negligenciando a questão da eficiência individual dos participantes. Observemos que *eficácia* significa, nesse caso, "critério dominante de desempenho administrativo da administração burocrática" (ibid., p. 86).

A *Administração Idiossincrática* estaria mais próxima do enfoque comportamental, já que este, como aquela, se preocupa com a elaboração de uma análise de caráter psicológico do comportamento de toda a organização. A partir dessa característica, a preocupação da administração e da organização é favorecer a eficiência de todos os que, de uma maneira ou de outra, participam do sistema educacional. Nesse caso, segundo Sander, presta-se "pouca atenção à eficácia institucional na consecução dos objetivos pedagógicos" (ibid., p. 87), sendo aqui a *eficiência* o valor supremo da produtividade humana, que depende, a nosso ver, do grau de satisfação de cada integrante do sistema educacional, de cada indivíduo.

Por sua vez, uma *Administração Integradora*, terceiro eixo da tradição funcionalista de administração pública, que entende a instituição educacional com um *sistema aberto*, situa-se entre os dois tipos de administração antes citados, identificando-se ora com o enfoque jurídico, ora com o comportamental.

Outra linha de tradição das teorias organizacionais e administrativas é a chamada *Tradição Interacionista* de Administração Pública que, por sua vez, se subdivide em Administração Estruturalista, Interpretativa e Dialógica.

Essas correntes da administração têm em comum propostas alternativas de organização e gestão escolar, todas conflitando com a tradição funcionalista do consenso. Segundo Benno Sander, essas correntes "preocupam-se com a conscientização e a interpretação crítica da realidade, o alcance da emancipação humana e a transformação estrutural e cultural da escola e da sociedade" (ibid., p. 94).

De acordo com uma *Administração Estruturalista*, a organização e a gestão da escola dependeriam plenamente das condições infraestruturais de natureza econômica. Essa é uma visão determinista da administração, pois implica uma visão passiva da ação e da interação humana. Por isso, segundo Sander, a *objetividade*, que se refere aos aspectos estruturais e materiais do sistema educacional, é que determinaria como avaliar os fenômenos organizacionais, os atos e os fatos administrativos.

A *Administração Interpretativa*, por sua vez, caracteriza-se por considerar o sistema educacional como uma "criação intencional do ser humano" (ibid., p. 99) em que, ao contrário da Administração Estruturalista, se privilegia a subjetividade individual em relação à objetividade institucional. A gestão educacional dela decorrente procura mediar reflexivamente as dicotomias entre "intenção e ação, entre a teoria e a experiência, entre a educação e a sociedade e, finalmente, entre o indivíduo e seu meio social" (ibid., p. 99).

Por último, a *Administração Dialógica*, aplicada à educação, "é uma perspectiva analítica e praxiológica que enfatiza os princípios de totalidade, contradição, práxis e transformação do sistema educacional e de suas escolas e universidades" (ibid., p. 100) e surge como alternativa às demais administrações interacionistas.

Para concluir esta análise dos enfoques e das teorias organizacionais e administrativas, apresentamos abaixo quatro quadros que pretendem caracterizar diferentes visões de planejamento educacional. Quando falamos de "visão de planejamento", referimo-nos ao ponto de vista sob o qual o planejamento é considerado, ou seja, trata-se de uma categorização geral, a partir das várias características que ele assume e das concepções ou tradições sobre as quais se fundamenta.

Características do planejamento educacional: quadros-síntese

Não obstante a dificuldade em chegar a uma "visão de planejamento" uniforme ou a categorias fechadas, em decorrência da multiplicidade de características, concepções e tradições acima mencionadas, procuraremos estabelecer algumas distinções que nos ajudam a definir certas visões de planejamento educacional, combinando as características e os fundamentos apresentados a seguir.

Adaptando as terminologias das diferentes teorias da administração ao planejamento, podemos sintetizar o que até agora anotamos nos dois quadros que seguem.

Quadro 1
CARACTERÍSTICAS DO PLANEJAMENTO EDUCACIONAL

CATEGORIAS	TIPOS	CARACTERÍSTICAS
NÍVEIS	1. Global ou de conjunto	Para todo o sistema
	2. Por setores	Graus do sistema escolar
	3. Regional	Por divisões geográficas
	4. Local	Por escola
ENQUANTO PROCESSO	1. Técnico	Por utilizar metodologia de análise, previsão, programação e avaliação
	2. Político	Por permitir a tomada de decisão
	3. Administrativo	Por coordenar as atividades administrativas
	4. Sistêmico ou Estratégico	Visão total do sistema educacional; sentido amplo: (recursos x oportunidades).
	5. Tático	Abrange todos os projetos e ações detalhadas e subordina-se ao Planejamento Estratégico
QUANTO AOS PRAZOS	1. Curto prazo	1 a 2 anos
	2. Médio prazo	2 a 5 anos
	3. Longo prazo	5 a 15 anos
ENQUANTO MÉTODO	1. Demanda	Com base nas demandas individuais de educação
	2. Mão-de-obra	Com base nas necessidades do mercado, voltado para o desenvolvimento do país
	3. Custo e Benefício	Com base nos recursos disponíveis visando a maiores benefícios

Quadro 2
FUNDAMENTOS DO PLANEJAMENTO EDUCACIONAL

CONCEPÇÕES	CARACTERÍSTICAS
Clássica	Divisão pormenorizada, hierarquizado verticalmente, com ênfase na organização e pragmático
Transitiva	Planejamento seguindo procedimentos de trabalho, com ênfase na liderança
Mayoista	Visão horizontal, com ênfase nas relações humanas, na dinâmica interpessoal e grupal, na delegação de autoridade e na autonomia
Neoclássica/Por objetivos	Pragmática, racionalidade no processo decisório, participativo, com ênfase nos resultados e estratégia de corporação
TRADIÇÃO FUNCIONALISTA	**CARACTERÍSTICAS (do consenso/positivista/evolucionista)**
Burocrático	Cumprimento de leis e normas. Visa à eficácia institucional do sistema. Enfatiza a dimensão institucional ou objetiva
Idiossincrático	Enfatiza a eficiência individual de todos os que participam do sistema, portanto, a dimensão subjetiva
Integradora	Clima organizacional pragmático. Visa ao equilíbrio entre eficácia institucional e eficiência individual, com ênfase na dimensão grupal ou holística
TRADIÇÃO INTERACIONISTA	**CARACTERÍSTICAS (conflito/teorias críticas e libertárias)**
Estruturalista	Ênfase nas condições estruturais de natureza econômica do sistema. Enfatiza a dimensão institucional ou objetiva. Orientação determinista
Interpretativa	Ênfase na subjetividade e na dimensão individual. O sistema é uma criação do ser humano. A gestão é mediadora reflexiva entre o indivíduo e o seu meio
Dialógica	Ênfase na dimensão grupal ou holística e nos princípios de totalidade, contradição, práxis e transformação do sistema educacional
ENFOQUES	**CARACTERÍSTICAS**
Jurídico	Práticas normativas e legalistas/sistema fechado
Tecnocrático	Predomínio dos quadros técnicos/especialistas
Comportamental	Resgate da dimensão humana; ênfase psicológica
Desenvolvimentista	Ênfase para atingir objetivos econômicos e sociais
Sociológico	Ênfase nos valores culturais e políticos, contextualizados. Visão interdisciplinar

Há possibilidade de associar os diferentes fundamentos anteriormente apresentados, como demonstra o Quadro 3.

Quadro 3
ASSOCIAÇÃO ENTRE CONCEPÇÕES, TRADIÇÃO FUNCIONALISTA E ENFOQUES

CONCEPÇÕES	TRADIÇÃO FUNCIONALISTA	ENFOQUES
Clássica	Burocrática	Jurídico e Tecnocrático
Transitiva	Idiossincrática e integradora	Tecnocrático e comportamental
Mayoista	Integradora	Comportamental
Neoclássica/Por objetivos	Burocrática e integradora	Desenvolvimentista

A Tradição Interacionista pode ser combinada com os enfoques estudados, como se pode ver no Quadro 4.

Quadro 4
ASSOCIAÇÃO ENTRE TRADIÇÃO INTERACIONISTA E ENFOQUES

TRADIÇÃO INTERACIONISTA	ENFOQUE
Estruturalista	Jurídico e tecnocrático
Interpretativa	Comportamental
Dialógica	Sociológico

Convém observar que as combinações acima não são rígidas, devido à multiplicidade de características que podem ser consideradas em cada um dos fundamentos analisados. Contudo, a partir destes, é possível explicitar melhor a "visão de planejamento" à qual nos referimos desde o início deste livro, facilitando assim o desenvolvimento das nossas análises, relacionadas ao planejamento educacional e à elaboração do *projeto político-pedagógico* da escola na perspectiva da escola cidadã.

Capítulo 3

PLANEJAMENTO EDUCACIONAL NA PERSPECTIVA DA ESCOLA CIDADÃ

Para ser grande, sê inteiro: nada
Teu exagera ou exclui.
Sê todo em cada coisa. Põe quanto és
No mínimo que fazes.
Assim em cada lago a lua toda
Brilha, porque alta vive.

FERNANDO PESSOA, *Odes de Ricardo Reis*

Paulo Freire, em entrevista concedida à TVE-Rio no dia 17 de abril de 1997, na sede do Instituto Paulo Freire em São Paulo, definiu a Escola Cidadã como "aquela que se assume como um centro de direitos, como um centro de deveres. A formação se dá dentro de um espaço de tempo. O que caracteriza a escola cidadã é uma formação para a cidadania. A escola cidadã é a escola que viabiliza a cidadania de quem está nela e de quem vem a ela. É uma escola que, brigando para ser ela mesma, viabiliza ou luta para que os educandos e educadores também sejam eles mesmos e, como ninguém pode ser só, a escola cidadã é uma escola de comunidade, de companheirismo".

Sem pretender repetir o que já está consagrado em outros trabalhos (Gadotti, 1993, Romão & Gadotti, 1994 e Romão, 1997a), quando pensamos no planejamento na escola numa perspectiva cidadã, faz-se necessário explicar o significado da palavra cidadania.

A cidadania é aqui entendida como o exercício pleno, por parte da sociedade, de seus direitos e deveres, baseado no exercício da democracia.

Trata-se, pois, de uma cidadania ativo-crítica, que, como adverte Machado, não pode correr o risco de se limitar a uma "vigilância sobre o cumprimento das deliberações da Declaração Universal dos Direitos Humanos" (1997:95), proclamada pela Assembléia Geral das Nações Unidas em 10 de dezembro de 1948. Ainda que tal vigilância seja uma tarefa significativa do ponto de vista prático, ela "restringiria demasiadamente o significado político/filosófico de tal noção" (ibid.).

A cidadania ativa distingue-se daquela "outorgada pelo Estado, com a idéia moral do favor e da tutela" (Benevides, 1991). Nesse sentido, "o cidadão, além de ser alguém que exerce direitos, cumpre deveres ou goza de liberdades em relação ao Estado, é também titular, ainda que parcialmente, de uma função ou poder público" (Benevides, 1994:9-10).

Ao defender a cidadania ativa, a escola cidadã pretende incorporar "milhões de brasileiros à cidadania (...), aprofundando a participação da sociedade civil organizada nas instâncias de poder institucional" (Gadotti & Romão, 1997).

Para a *Escola Cidadã*, a escola é o *locus central* do processo educativo, isto é, é lá que se dá a formação da cidadania ativa e se iniciam as transformações na educação. Nesse sentido, "o ponto nodal de toda mudança na educação passa pela mudança na unidade escolar, lugar onde se concretiza o esforço global de ensino-aprendizagem" (Silva, Jair, 1996:55).

Pensar em planejar a educação a partir da referida cidadania ativa é parte essencial da reflexão sobre como realizar e organizar todas as atividades no âmbito escolar e educacional, o que significa encarar de frente os problemas dessa instituição e do sistema educacional como um todo. Para a escola cidadã, há que se compreender as relações institucionais, interpessoais e profissionais nela presentes, avaliando e ampliando a participação de diferentes atores em sua administração, em sua gestão, assumindo-a enquanto instância social de contradições propícias ao debate construtivo e, sobretudo, enquanto entidade que tem por principal missão propiciar a aprendizagem a crianças, jovens e adultos. É por isso que, quando se fala em planejamento na escola cidadã, essa questão está associada diretamente à questão da Gestão Democrática do Ensino Público (Romão, 1997b:23-31).

Realizar os diversos planos e planejamentos educacionais e escolares, organizando a educação, significa exercer uma atividade engajada, intencional, científica, de caráter político e ideológico e isento de neutralidade. Dessa forma, *planejar*, em sentido amplo, é um processo que visa dar respostas a um problema, estabelecendo fins e meios que apontem para sua superação, de modo a atingir objetivos antes previstos, pensando e prevendo necessariamente o futuro, mas sem desconsiderar as condições do presente e as experiências do passado, levando em conta os contextos e os pressupostos filosófico, cultural, econômico e político de quem planeja e de com quem se planeja.

O resultado desse processo será o de influenciar e provocar transformações nas instâncias e nos níveis educacionais que, historicamente, têm ditado o como, o porquê, o para quê, o quando e o onde planejar.

Antes de nos aprofundarmos na análise das características do planejamento dialógico na perspectiva da *escola cidadã*, consubstanciado na visão do planejamento socializado ascendente, convém explicitar também o significado da gestão democrática do ensino público, pois essa questão está diretamente relacionada à dificuldade da participação popular nos processos decisórios das diversas instâncias políticas e, por conseguinte, nos processos de planejamento escolar, educacional e de definição do projeto da própria escola.

Em 1987, a pedido do Conselho Nacional de Secretários de Educação, o Instituto Paulo Freire realizou uma pesquisa sobre a "gestão democrática do ensino público", levando experiências nesse campo em todo o país. A partir dessas experiências, o IPF levantou alguns *parâmetros* da gestão democrática do ensino público (Padilha, 1998:117-119):

1. Capacitar todos os segmentos. Não basta pensar apenas nos professores. Os funcionários, os pais e os alunos também devem ser formados para a participação.

2. Consultar a comunidade escolar. A gestão democrática implica permanente consulta, divulgação de informações, realização de debates, seminários e assembléias etc. de modo a criar uma verdadeira cultura da participação.

3. Institucionalizar a gestão democrática. Para ser eficaz, a gestão democrática precisa ser regulamentada, deixando claro quais são as regras da participação. As secretarias de educação, por isso, precisam discutir e definir suas políticas de gestão democrática e estabelecê-las em leis próprias que garantam organicamente a participação.

4. Lisura nos processos de definição da gestão. A escolha dos dirigentes escolares precisa ser transparente. A fixação das normas, sua ampla divulgação e discussão do processo de escolha, bem como a fiscalização, por isso, são fatores decisivos.

5. Agilização das informações e transparência nas negociações. A negociação é fator importante do sucesso da gestão democrática. É um aprendizado constante, por meio do qual a administração pode até mesmo mostrar os limites — entre eles, os legais — da própria participação.

Além dos parâmetros da gestão democrática acima anotados, outros aspectos importantes estão diretamente ligados à organização do trabalho na escola na perspectiva da escola cidadã.

Cidadania e autonomia são termos que não podem ser separados e constituem hoje "duas categorias estratégicas de construção de uma sociedade melhor em torno das quais há freqüentemente consenso. Essas categorias se constituem na base da nossa identidade nacional tão desejada e ainda tão longínqua em função do arraigado individualismo tanto das nossas elites quanto das fortes corporações emergentes, ambas dependentes do Estado paternalista" (Gadotti, 1994:27).

Num momento em que é lugar-comum falar de globalização e de internacionalização, podemos encontrar no vocabulário corrente diferentes sentidos para a palavra autonomia. Ela não deve ser confundida com participação, com autogestão ou com co-gestão, embora guarde certa relação com esses termos.

A palavra autonomia tem sido utilizada e aplicada também em diferentes contextos, com significados muitas vezes conflitantes. Por exemplo, a *linguagem neoliberal* a emprega para sugerir a idéia de democracia e designar a existência da liberdade de indivíduos ou de instituições em suas ações na sociedade, sobretudo em suas iniciativas econômicas, devendo o Estado intervir o mínimo na economia do País, no mecanismo do mercado, na vida das pessoas. Já na perspectiva da chamada *democracia social* (ou social-democracia), autonomia é entendida como a possibilidade de aproveitar a liberdade, a inteligência criadora e a iniciativa do indivíduo no gerenciamento de sua vida individual, familiar e associativa. Nesse caso, nem a defesa de um Estado Mínimo, nem de um Estado Máximo, mas "a existência de uma sociedade aberta, em que todos e cada um dos homens, usando das franquias e dos seus recursos, ou dos recursos que o Estado deve pôr e põe e, de modo efetivo, à disposição deles, podem realizar a sua vocação e o seu destino pessoal" (Galves, 1985:529).

Uma visão mais progressista da autonomia, superando tanto a explicação neoliberal como o argumento social-democrata, deveria partir da crença socialista da "propriedade privada como fonte da 'desigualdade entre os homens' (para retomar o conhecido discurso de Rousseau) e a sua eliminação total ou parcial como projeto da sociedade futura" (ibid., p. 80), mas iria além desta crítica.

O neoliberalismo prega uma autonomia que, na verdade, continua sendo o individualismo liberal disfarçado, que estimula a competitividade em busca de lucro, tanto nas empresas quanto na escola, que enfatiza demasiadamente a formação para o trabalho, em detrimento de uma formação mais geral, que prepare o aluno para o exercício crítico e responsável da cidadania. Ele incentiva a privatização do ensino, propondo o fim das responsabilidades do Estado com a educação e com os direitos historicamente conquistados pelos cidadãos à custa de muita luta.

A *escola projetada* com base na referida autonomia tem a finalidade de formar seus educandos para a vida, para o trabalho, para a construção de relações humanas e sociais civilizadas, justas e éticas, para o exercício e a prática da cidadania crítica e ativa e para resistir a toda forma de exclusão. Ela estaria inserida numa sociedade cuja educação é planejada de maneira socializada e ascendente, isto é, democraticamente, a partir de suas bases, influenciando, acompanhando e fiscalizando as ações dos demais níveis educacionais, seja regional, municipal, estadual ou nacional.

A autonomia, na escola cidadã, pressupõe, pois, a alteridade, a participação, a liberdade de expressão, o trabalho coletivo na sala de aula, na sala de professores, na escola e fora dela. A educação enquanto processo de conscientização (desalienação) tem tudo a ver com a própria autonomia e, como esta se fundamenta no pluralismo político-pedagógico, garante a mudança possível no próprio sistema educacional e nos próprios elementos que o integram. Assim, podemos afirmar que os direitos dos alunos serão ampliados e respeitados na medida em que, no interior da escola, garantirmos a possibilidade de um trabalho voltado para a autonomia pessoal e para a educação cidadã anteriormente analisada.

A partir de tais pressupostos, podemos então tratar mais especificamente do planejamento educacional na perspectiva da escola cidadã ou seja, do planejamento dialógico. Como já existem publicações recentes sobre esse tipo de planejamento, apresentaremos apenas suas características mais gerais. Trata-se de uma nova metodologia de planejamento para a construção do projeto político-pedagógico da escola. Na verdade, consiste numa nova maneira de se planejar a própria educação, que estabelece alguns princípios para o planejamento em nível escolar, mas que podem servir aos diferentes níveis de planificação educacional. Como veremos, sua metodologia de trabalho prevê a participação de todos os segmentos escolares no planejamento e permite, por seu caráter *ascendente*, que as consolidações (ou as decisões coletivas, socializadas) tenham reflexos no nível imediatamente "superior" de planejamento educacional.

Esse planejamento parte da escola, pois é ali que ocorre a formação da cidadania ativa e se iniciam as transformações na educação.

Os segmentos escolares raramente são chamados a participar da elaboração do planejamento escolar. Salvo felizes exceções, muitas vezes nos limitamos a copiar de anos anteriores os diversos planos que temos de apresentar ou, quando muito, os retomamos e fazemos pequenas alterações de caráter sobretudo formal.

A visão do planejamento socializado ascendente, que orienta metodologicamente a construção do planejamento dialógico, tenta, pois, inverter completamente essa maneira de pensar e de realizar o planejamento na escola e na educação em geral.

O planejamento é *socializado* quando o processo de decisão é possibilitado a todos e não limitado aos "especialistas" ou mesmo a um "grupo de coordenação". Quando Paulo Freire diz que a pedagogia deve ser forjada *com* o oprimido, ele revela a necessidade da socialização das decisões, com uma *compreensão política* do processo de planejar.

A atividade de planejar a atividade educativa não se restringe à reflexão a respeito dos problemas educacionais. Ela implica uma visão e análise amplas de mundo e da sociedade. É necessário resgatar também a *dimensão pedagógica do planejamento* como uma atividade que propicia a aglutinação em torno da escola, dos diferentes segmentos escolares e extra-escolares, superando a prática taylorista de planejamento segundo a qual quem planeja não executa, quem decide não faz e quem faz não decide.

Mas não basta o planejamento ser "socializado". É preciso dar a "socializado" um caráter *ascendente*, isto é, planejar coletivamente e sem hierarquias burocráticas. O fracasso do planejamento socialista autoritário ensinou-nos que não é suficiente "socializar". É preciso que a socialização se dê de baixo para cima, num movimento dialético-interativo e comunicativo. Aí reside o caráter ascendente desse planejamento, pois ele enfatiza a necessária consolidação de um nível de decisão mais pontual ("mais baixo") para instâncias mais amplas ("superiores").

Melhor explicando, isso significa dizer, por exemplo, no caso da educação, que o plano municipal de educação deve ser a consolidação dos planos ou dos projetos político-pedagógicos das escolas de seu âmbito, e assim por diante, até chegarmos às consolidações do Plano Nacional de Educação, que deve resultar da consolidação dos planos das unidades da Federação.

As condições para que as consolidações acima referidas possam ocorrer nos diversos níveis de planificação educacional (por exemplo, interescolar, delegacia de ensino, regional, municipal, estadual, federal ou outros níveis, dependendo da organização própria de uma determinada rede de ensino) fazem parte de um processo que deve ser construído a partir da constituição de conselhos intermediários, em cada nível. Cada Conselho, de um determinado nível "superior", será formado por representantes dos níveis imediatamente "inferiores".

Exemplificando essas consolidações ascendentes: as consolidações do nível escolar são encaminhadas para o nível interescolar. Neste nível, todas as escolas apresentam os seus projetos político-pedagógicos, com as suas consolidações sobre os aspectos administrativos, pedagógicos e financeiros (orçamentários). Resulta desse processo um projeto político-pedagógico interescolar que, por sua vez, é encaminhado para a instância que organiza a educação em nível regional (delegacia de ensino ou núcleo regional de ensino). Nesta, o Projeto interescolar é analisado também por uma comissão paritária, formada por representantes dos diversos núcleos regionais ou delegacias de ensino e do Conselho interescolar, e é confrontado com os recursos disponíveis para que sejam estabelecidas as ações prioritárias e a respectiva possibilidade de investimento. Como vemos, falar em projeto político-pedagógico com referência no planejamento dialógico, significa pensar simultaneamente nos recursos que o viabilizarão, pois estes serão também definidos e decididos de forma dialógica e participativa.

Da etapa anterior resultará um projeto político-pedagógico em nível de delegacia de ensino, que será encaminhado às instâncias superiores de planificação ou de administração educacional, onde serão decididas as consolidações que estariam definindo a política educacional e os planos gerais orçamentários municipal, estadual ou federal. Portanto, num movimento ascendente, as decisões tomadas em nível escolar podem influenciar, de fato, as políticas públicas educacionais nos demais níveis.

Para garantir a transparência e a efetivação desse processo, deve ser criado um *sistema de comunicação* entre os diversos níveis de planificação e de administração educacional, de forma que as consolidações de cada etapa sejam acompanhadas por todos os níveis.

No planejamento dialógico, atribui-se a cada segmento escolar responsabilidades específicas mas integradas entre si, que possibilitem o efetivo exercício da cidadania ativa.

Uma característica muito importante desta visão de planejamento educacional é que todos os "sujeitos coletivos" ou os segmentos que estarão participando do processo, *estão presentes desde o primeiro momento*, isto é, *participam da própria decisão de se planejar*, desde a sua concepção, passando pela realização coletiva da Carta Escolar ou da Etnografia da Escola (ou seja, do diagnóstico escolar, segundo denominação utilizada no planejamento participativo), até o momento do replanejamento, que decorre da necessária, contínua e permanente avaliação das ações implementadas e implantadas.

O planejamento dialógico é um tipo de planejamento participativo, mas se diferencia deste por uma característica bem marcante, que se refere à criação de mecanismos que viabilizem as consolidações tiradas nos níveis "inferiores" do sistema educacional, com o objetivo de garantir que as decisões tomadas, por exemplo, nas escolas, possam ser apresentadas e defendidas por representantes daquele nível, no nível imediatamente "superior". Ou seja, é este caráter ascendente, sistematicamente pensado e previsto, que diferencia e dá maior amplitude e alcance às decisões tomadas em cada nível do planejamento dialógico. Além disso, esse tipo de planejamento não dicotomiza a dimensão pedagógica da dimensão administrativa, nem subordina uma à outra.Podemos associar esse tipo de planejamento à tradição dialógica e ao enfoque sociológico, conforme a caracterização proposta anteriormente. À tradição dialógica, porque enfatiza a dimensão grupal (socializada), fundamenta-se nos princípios de totalidade (visão de todo o sistema), da contradição (parte da necessidade da crítica e da avaliação permanente do processo), da práxis (eliminação das dicotomias no planejamento: todos planejam, decidem e participam da execução e da avaliação do que planejaram) e da transformação do sistema educacional (inverte a atual prática do planejamento hierarquizado e vertical, influenciando as políticas públicas educacionais a partir da escola). Associa-se também ao enfoque sociológico, por enfatizar os valores culturais e políticos e, sobretudo, por propor que o planejamento seja sempre contextualizado e pensado de forma interdisciplinar. Nesse contexto é que podemos falar na possibilidade de um *planejamento dialógico.*

O primeiro desafio que se apresenta é como conseguir ou como garantir a participação, nesse processo de planejamento, dos segmentos escolares, ou seja, como se consegue, de fato, que as decisões possam ser tomadas de forma socializada. Um passo inicial é efetivamente abrir a escola para esses segmentos e convidá-los a participar de todos os momentos em que, na escola, forem desencadeados processos decisórios. Para isso, será importante estabelecer algumas regras claras sobre como se dará essa participação, sobre como as decisões serão democraticamente tomadas e em que cada segmento poderá contribuir nesse processo de planejamento (atividade-meio) com vistas à elaboração do projeto da escola (atividade-fim). A participação dar-se-á em todas as etapas do processo de planejamento, ou seja, desde a sua concepção até a sua execução, avaliação e replanejamento.

A *Escola Cidadã* visa à construção de sujeitos coletivos que possam vivenciar uma participação ampla, no nível da *autogestão* e da definição de política e de planejamento, na qual eles possam determinar seus objetivos, escolher seus meios e estabelecer os controles pertinentes sem uma referência a uma autoridade externa (Díaz Bordenave, 1995) — diríamos, uma autoridade descomprometida com a escola.

Cada segmento escolar, dentro do processo do planejamento, pode dar a sua contribuição. Quando falamos na participação em todas as fases do planejamento, isso não significa que todos farão tudo a todo momento, pois isso seria inviável e impraticável. Mas, uma vez tomadas as decisões coletivamente sobre todo o processo, cada segmento poderá responsabilizar-se por determinadas tarefas, de acordo com as consolidações do grupo. O importante é que cada sujeito coletivo sinta-se co-responsável pelo processo e pelo projeto.

A origem da visão do planejamento socializado ascendente pode ser localizada na experiência relatada pelo Prof. José Eustáquio Romão, que registramos em nossa dissertação de mestrado (Padilha, 1998:130-131). Tal experiência concretizou-se em 1995, quando a Secretaria de Educação do Estado do Espírito Santo propôs ao Instituto Paulo Freire a realização de um trabalho conjunto, com a finalidade de se formular e implementar a política de Educação de Jovens e Adultos do Estado.

Só é possível planejar, nos termos acima definidos, a partir de um contexto bem específico e conhecido, partindo de uma "leitura de mundo" bem detalhada da escola e da educação em nível local, municipal e estadual, a ser realizada mediante a aplicação de metodologias de pesquisa elaboradas cientificamente e baseadas numa nova ética que considere e respeite, sobretudo, a história e a cultura local dos cidadãos pesquisados. Isso pode ser feito, por exemplo, por meio da metodologia da *Carta Escolar* (Camargo, Motta, Romão, & Padilha, 1997:51-74) e também do instrumento preliminarmente intitulado de *Etnografia da Escola* (Equipe Técnica do IPF, 1997:1-12).

Tanto a Carta Escolar quanto a Etnografia da Escola são instrumentos que contribuem para a realização do planejamento educacional e do projeto político-pedagógico da escola, a partir da perspectiva da escola cidadã. Pretendem ser instrumentos de "leitura do mundo" que viabilizam a interação dos diversos segmentos escolares e comunitários em torno da escola e da educação em geral.

Portanto, a visão socializada e ascendente, que consubstancia a construção do planejamento dialógico, é a proposta de planejamento escolar e educacional defendida pela escola cidadã, considerando que por meio da "socialização", num movimento efetivamente "ascendente", de consolidações continuadas, será possível democratizar a educação, o espaço e o processo educativo, com vistas à formação do aluno para o exercício da cidadania plena. Nesse sentido, entende a escola cidadã que a educação é condição *sine qua non* para o desenvolvimento humano e para o desenvolvimento auto-sustentado do País, baseado nos princípios da ética e da solidariedade, o que é fundamental para a construção de uma sociedade justa e equânime para todos.

Capítulo 4

PLANEJAMENTO DIALÓGICO E PROJETO POLÍTICO-PEDAGÓGICO DA ESCOLA

A todas e a todos que, fazendo a escola municipal de São Paulo, conosco, da limpeza do chão à reflexão teórica, deixaram claro que mudar é difícil, mas é possível e urgente.

PAULO FREIRE, primavera de 1991

Quando Paulo Freire afirma em seu livro *Pedagogia da autonomia* que "é decidindo que se aprende a decidir" (p. 119), ele se refere à necessidade e ao direito que todos temos de tomar decisões sobre nossas vidas, mesmo com o risco de cometer erros. Freire afirma que é decidindo que construímos, com autonomia, nosso projeto de vida e conclui afirmando que ninguém é autônomo primeiro para depois decidir.

Pensar o *planejamento educacional* e, em particular, o planejamento visando ao projeto político-pedagógico da escola é, essencialmente, exercitar nossa capacidade de tomar decisões coletivamente.

Sabemos que o planejamento não é uma tarefa fácil. Conhecemos as *dificuldades* ("não temos tempo", "não temos pessoal qualificado", "a burocracia é tanta"...), as *resistências* ("já fizemos isso e não deu certo", "nossa escola já tem projeto", "sem salário não dá"...), os *limites e obstáculos* (comodismo, imediatismo, formalismo).

Mas sabemos também que existem *experiências inovadoras* já vivenciadas que comprovam que a decisão e a iniciativa coletiva conseguem resolver problemas concretos da prática educativa que, num primeiro momento, pareciam impossíveis de ser superados. É com base nessas experiências e na reflexão sobre elas que nos animamos a apresentar esta visão *de planejamento* para a construção do projeto político-pedagógico da escola que denominamos de planejamento socializado ascendente, conforme vimos no capítulo anterior.

Para viabilizar a transparência e a efetivação desse processo, deve ser criado um *sistema de comunicação* entre os diversos níveis de planificação e de administração educacional, de forma que as consolidações de cada etapa sejam acompanhadas por todos os níveis.

O papel de cada segmento na prática do planejamento escolar

Se todos/as participam da tomada de decisões, deve-se estabelecer *regras claras* sobre como se dará essa participação, sobre como as decisões serão tomadas e em que cada segmento poderá contribuir desde a concepção do projeto até a avaliação e o replanejamento.

Observamos que a participação de todos os segmentos escolares e comunitários se refere às diferentes dimensões do trabalho escolar e comunitário, passando pelas decisões financeiras/orçamentárias (por exemplo, deliberando sobre o orçamento participativo), pedagógicas/curriculares (por exemplo, optando pelo regime de Ciclos e do que chamamos de avaliação dialógica continuada), ou administrativas/de gestão (por exemplo, pela iniciativa da reorganização coletiva e democrática dos colegiados escolares).

A participação dos *pais* e dos *alunos* pode dar-se na programação de atividades, na coordenação de eventos intra e extra-escolares e no estudo da realidade. Eles devem vincular-se principalmente aos diversos colegiados existentes na escola, com o que estarão até mesmo consolidando a prática participativa.

O direito à participação dos alunos deve ser garantido, como prevê o *Estatuto da Criança e do Adolescente*. Eles devem ser ouvidos em todos os assuntos que lhes dizem respeito.

As *associações de bairro, entidades comunitárias* e as *ONGs* podem também contribuir em parceria com a escola, integrando suas atividades às atividades curriculares e extra-escolares.

O *diretor de escola ou dirigente da unidade escolar* e seu vice, responsáveis pela coordenação de todas as atividades escolares, devem ser capazes de "seduzir" os demais segmentos para a melhoria da qualidade do trabalho desenvolvido na escola. Isso significa, por exemplo, criar mecanismos e condições favoráveis para envolvê-los na elaboração do projeto político-pedagógico da unidade, contando para esse fim com as diversas atividades de planejamento.

O *professor-coordenador* ou o coordenador pegagógico — observe-se que estas nomenclaturas (para cargos e/ou funções) variam de acordo com cada município ou com cada rede de ensino e que estamos utilizando como referência as utilizadas no Estado de São Paulo — é aquele que durante o ano articula a equipe pedagógica em torno do melhor cumprimento do que foi estabelecido no projeto político-pedagógico, coordenando seus diversos desdobramentos em planos de curso, de currículo, de ensino ou de aula. Ele exerce uma responsabilidade da maior relevância durante todo o processo, desde a fase de organização das reuniões de planejamento das atividades pedagógicas da unidade escolar até a da execução, desenvolvimento e avaliação do projeto da escola.

O *assistente técnico-pedagógico* (ou o membro da equipe técnica da Secretaria Municipal ou Estadual da Educação ou ainda das Diretorias de Ensino ou dos Núcleos de Ação Educacional), que, no seu cotidiano, faz, junto com o supervisor de ensino, a ponte entre as diretrizes pedagógicas estabelecidas pela Diretoria de Ensino e as unidades escolares, pode fazê-la também quando da elaboração do projeto político-pedagógico e do planejamento. Ele pode ainda subsidiar a capacitação de todos os segmentos escolares para a participação no planejamento escolar.

O *supervisor de ensino* tem a responsabilidade de apresentar aos demais segmentos as diretrizes gerais, sobretudo pedagógicas, da DE e dar-lhes conhecimento sobre o próprio plano de trabalho da equipe de supervisão. Cabe-lhe ainda criar as condições institucionais da realização do projeto de cada escola e participar ativamente do processo de construção e desenvolvimento deste.

A participação dos/as *professores/as* está ligada não só à definição geral do projeto, mas também à definição dos planos de currículo, de curso, de ensino e de aula que devem fazer parte integrante do projeto de cada escola. Tendo os docentes participado ativamente do planejamento escolar, eles estarão comprometidos com ele e, principalmente, organizando suas atividades com base no que foi decidido coletivamente. Eles terão uma direção estabelecida em conjunto com os demais segmentos escolares, o que facilitará seu trabalho e dará maior ânimo ao exercício de sua atividade profissional.

Princípios, objetivos e características do projeto político-pedagógico da escola que o planejamento deve levar em conta

A construção do projeto da escola exige a definição de princípios, estratégias concretas e, principalmente, muito trabalho coletivo. A seguir apresentamos algumas de suas principais características, bem como alguns parâmetros para a sua operacionalização.

a) Todas as ações que vamos propor para a elaboração do projeto político-pedagógico da escola relacionam-se com os princípios norteadores do planejamento dialógico, ou seja, esta nova maneira de entender o planejamento da escola, que visa garantir a participação efetiva dos vários segmentos escolares na construção do seu projeto e na elaboração de seus planos. Além disso, visa possibilitar que alguns participantes deste processo possam representar a escola nos demais níveis de planificação educacional (interescolar, DEs, regional, municipal...), previstas no movimento ascendente deste tipo de planejamento.

b) Sem esquecer que a preocupação maior da escola deve ser o melhor atendimento ao aluno, o projeto político-pedagógico deve partir da avaliação objetiva das necessidades e expectativas de todos os segmentos escolares. Deve ser considerado como um processo sempre inconcluso, portanto, suscetível às mudanças necessárias durante sua concretização.

c) O projeto deve proporcionar a melhoria da organização administrativa, pedagógica e financeira da escola e também a modificação da coordenação dos serviços, sua própria estrutura formal e o estabelecimento de novas relações pessoais, interpessoais e institucionais.

d) Ele deve ser elaborado em termos de médio e longo prazos. Contudo, cabe a cada escola implementá-lo já a partir de iniciado o processo de planejamento. De acordo com suas condições reais e com suas possibilidades, deve-se definir prioridades a curto prazo, partindo, logo que possível, para as ações com vistas à sua implantação.

e) A reflexão sobre a prática pedagógica dos professores e as teorias que as embasam deve ser prática contínua na unidade escolar.

f) Garantir a avaliação periódica da ação planificada para redimensionamento das propostas.

Construção coletiva do marco referencial como primeira exigência da construção do projeto político-pedagógico da escola e como tarefa do planejamento dialógico e modelos de fichas

Segundo o professor Nilson José Machado (1997:69) as *utopias* "desempenham um papel fundamental na germinação dos projetos e uma eventual renúncia a elas poderia significar, simbolicamente, uma perda de vontade de transformar globalmente a realidade, de construir a história". É a partir desse pressuposto que a equipe responsável pela coordenação dos trabalhos na escola ou qualquer outro segmento pode decidir-se, durante o planejamento, pela discussão e realização do projeto.

Para operacionalizar as atividades, adotamos uma metodologia dialógica e problematizadora baseada na formulação de *perguntas* que procuram verificar as *causas remotas e próximas* dos problemas sobre os quais os participantes se pronunciarão. As questões poderão ser respondidas individualmente em alguns momentos, em grupo em outros momentos e também discutidas nos grupos e sintetizadas em plenário. O importante é que se garanta a possibilidade do debate, a superação das contradições, dos equívocos, e que as equipes de trabalho consigam realizar sínteses objetivas com o resultado do que foi discutido.

A relação de complexidade será considerada na determinação das respostas e deverá ser explicitada nos relatórios-síntese dos grupos de trabalho ou no relatório final do plenário, a cada etapa da realização do projeto político-pedagógico da escola. Este projeto pode ser elaborado a partir da operacionalização de alguns passos: a) como entendemos o mundo em que vivemos; b) quais são as utopias que nos movem neste mundo; c) qual a escola dos nossos sonhos; d) qual o retrato da escola que temos; e) o que faremos na nossa escola.

Os três primeiros passos completam o necessário *marco referencial* do projeto. Trata-se de explicitar melhor qual é a visão de mundo, os valores e compromissos que a escola está assumindo hoje e que expressa a sua própria "cara", sua identidade e a direção, o rumo que deseja tomar daqui para a frente. Projeto vem de "projetar-se", de lançar-se à frente. Não se empreende uma *caminhada*, não se definem passos a dar sem uma direção, uma filosofia educacional.

A metodologia de construção do marco referencial e das propostas de ação do projeto político-pedagógico da escola, aqui apresentadas, foi organizada e desenvolvida pelo prof. Celso dos Santos Vasconcellos (1995:153-168). Para um desenvolvimento mais aprofundado dessas idéias, remeto a essa fonte da qual me servi. O livro do nosso companheiro, professor Vasconcellos, é paradigmático em se tratando do assunto. Vejamos então, separadamente, como pode ser operacionalizado cada um dos passos de construção do projeto político-pedagógico da escola, de acordo com a sua visão de planejamento que para nós é um bom exemplo de planejamento dialógico:

1. Como entendemos o mundo em que vivemos?

Neste primeiro passo, os participantes responderão, individualmente, a algumas perguntas que os provocarão sobre as possíveis causas remotas (longínquas, históricas) e próximas (atuais, do mundo contemporâneo) que interferem diretamente na nossa vida e na nossa realidade, como um todo. Ou seja, trata-se de verificar, na opinião dos presentes, os porquês de estarmos como estamos, quais as causas que consideramos positivas ou negativas, nos aspectos social, político, econômico, cultural, religioso etc., e que nos levaram, em termos gerais, à realidade que temos hoje.

POSSÍVEIS PERGUNTAS

1. Como compreendemos, vemos, sentimos o mundo atual?
2. Quais são os seus principais problemas e suas maiores necessidades?
3. Quais são as causas da situação atual em termos sociais, políticos e econômicos?
4. Quais são os efeitos da globalização sobre a qualidade de vida no mundo de hoje?

Após o levantamento das respostas individuais, que ficarão registradas em folhas próprias e farão parte do histórico do processo, o coordenador da atividade pode promover uma discussão em plenário, na qual cada participante poderá defender o seu ponto de vista. Dessa forma, o grupo procurará registrar os pontos comuns, os pontos divergentes, os possíveis consensos, os itens que ficaram pendentes e que devem ser aprofundados em futuros encontros, enfim as opiniões discordantes sobre as quais não consegue entrar em acordo, relacionadas às perguntas formuladas. Pode-se registrar as opiniões e a síntese dos argumentos em cartazes, na lousa, num *flipchart* etc., de forma que o resultado da discussão e do debate não se perca. Como exemplo, vide Ficha 1 abaixo. Observe-se que todos os segmentos escolares devem participar desse processo, realizando separadamente a discussão de todo o marco referencial e das demais etapas da construção do projeto político-pedagógico da escola. As sínteses deverão ser discutidas, posteriormente, na plenária da escola, quando cada segmento será representado na definição do projeto político-pedagógico da escola. Os resultados parciais ou finais da plenária escolar devem sempre retornar a cada um dos segmentos, garantindo-se, dessa forma, o movimento socializado e ascendente.

FICHA 1
Como entendemos o mundo em que vivemos? (VISÃO MACRO)

Respostas à questão 1	Respostas à questão 2	Respostas à questão 3	Respostas à questão 4 (ou 5 ou 6...)
(...)			

CONSENSOS	DIVERGÊNCIAS	PENDÊNCIAS
•	•	•
•	•	•
•	•	•

2. Quais são as utopias que nos movem neste mundo?

Uma vez respondidas individualmente as questões mais amplas, que não se referem especificamente à escola, mas sim à visão geral do grupo sobre a sua realidade (nível macro), parte-se para uma discussão sobre questões mais voltadas para a *visão utópica de mundo* que o grupo possui. Elaboram-se questões que tenham a intenção de verificar quais são as principais opções do grupo em relação à sociedade em que vive, buscando determinar um universo comum de valores a partir do qual seja possível compatibilizar, minimamente, os sonhos, as esperanças e as expectativas do grupo, seus desejos e possibilidades em relação à construção de uma sociedade melhor, de uma escola melhor, de seres humanos mais felizes etc. Aqui devem ficar explícitas as opções teóricas e filosóficas do grupo.

POSSÍVEIS PERGUNTAS

1. Que tipo de homem e de sociedade queremos construir?
2. Que papel desejamos para a escola em nossa realidade?
3. Que tipo de relações devem ser estabelecidas entre professor e aluno, entre a escola e a comunidade
4. Qual é o papel do Estado em relação à educação, em termos ideais?

3. Qual é a escola dos nossos sonhos?

O grupo poderá apresentar respostas a possíveis perguntas relacionadas a como resolveriam, em *termos ideais*, os problemas mais próximos, que atingem diretamente a escola. Encaminhamo-nos, aqui, para uma análise crítica dos principais problemas que a escola enfrenta, a partir dos dados que o grupo já tem à mão sobre o desempenho anterior da escola (dados do ano anterior ou dos últimos dois ou três anos letivos). Estes dados subsidiarão as respostas sobre as causas remotas e próximas dos problemas apresentados, que serão depois confrontadas com os dados da realidade que acabamos de levantar (primeiro passo) e com a dimensão utópica que foi estabelecida no segundo passo.

Nesta etapa da elaboração do projeto político-pedagógico da escola, como diz Celso dos Santos Vasconcellos (1995:155), "dá-se a tensão entre realidade e desejo que, por sua vez, oferece-nos o horizonte do histórico-viável".

Para viabilizar este último passo, a equipe que organizou a reunião de planejamento deverá oferecer, a cada grupo, uma síntese dos resultados alcançados pela escola, utilizando, para tanto, diferentes recursos: cartazes, tabelas, vídeos, gráficos de desempenho, síntese dos projetos desenvolvidos e dos resultados alcançados, planos e planejamentos anteriores — enfim, o que for possível sintetizar para oferecer aos diferentes segmentos escolares uma visão geral sobre as condições reais nas quais a escola se encontra.

A partir dos dados disponíveis e das discussões até então realizadas, os participantes terão condições de estabelecer possíveis saídas para os problemas levantados, e, mesmo, de organizá-las por categorias, ou seja, definir, hipoteticamente, estratégias e ações específicas (para aquele ano letivo, por exemplo), para as atividades pedagógicas, para as administrativas, comunitárias e financeiras da escola.

POSSÍVEIS PERGUNTAS

1. Em relação à *dimensão pedagógica*: Como desejamos o processo de planejamento e a nossa autonomia pedagógica? Como desejamos o objetivo, o conteúdo, a metodologia e a avaliação? Como desejamos a disciplina, a relação professor-aluno?
2. Em relação à *dimensão comunitária*: Como desejamos o relacionamento na escola e dela com a comunidade? Como desejamos o professor? Como desejamos o relacionamento com a família e com a comunidade?
3. Em relação à *dimensão administrativa*: Como desejamos a organização administrativa da nossa escola? Como desejamos a elaboração do Regimento Escolar? Como desejamos a comunicação na nossa escola?
4. Em relação à *dimensão financeira*: Como desejamos a nossa autonomia financeira? Como desejamos investir os recursos da escola? Como desejamos participar da gestão financeira da escola?

É importante observar que ao estabelecermos o marco referencial é que serão definidas as linhas gerais e iniciais do planejamento escolar e, portanto, da elaboração do projeto político-pedagógico. Os dados aqui levantados e registrados farão parte, também, da "leitura do mundo" que será realizada pela/na escola, servindo à construção do projeto da escola, da sua "etnografia e da correspondente *programação das atividades*.

Por mais trabalhosa que possa parecer a definição do *marco referencial*, não podemos deixar de realizá-la. Pular essa etapa significa não amadurecer a reflexão do conjunto do coletivo escolar. Significa continuar fazendo o planejamento da escola "pela metade".

A escola necessita, ela própria, definir os seus referenciais teóricos para que possa se conhecer bem e ter a dimensão precisa de sua realidade, de suas possibilidades e de seus sonhos. Por isso, insistimos: trata-se de uma etapa fundamental na construção de um planejamento dialógico que é, em si mesma, um rico momento de aprendizagem para todos, de troca de experiências e do estabelecimento de relações de confiança, que acabam por co-responsabilizar todo o grupo, fortalecendo, assim, a possibilidade da efetivação das próximas etapas do projeto político-pedagógico da escola.

A Ficha 2 a seguir pode servir como uma possível referência ou modelo de registro do resultado das discussões realizadas pelos segmentos escolares, no que se refere às suas utopias e aos seus sonhos.

FICHA 2
Utopias que nos movem/escola dos nossos sonhos

PERGUNTAS	SEGMENTO: ___________ RESPOSTAS DO GRUPO (2 itens para cada questão)
Quais são as utopias que nos movem neste mundo (visão utópica de mundo que o grupo possui)	1
	2
Qual é a escola dos nossos sonhos? (Como resolveriam, em *termos ideais*, os problemas mais comuns que poderiam atingir diretamente a educação e sua vida escolar?)	1
	2

Para sintetizar as contribuições dos diferentes segmentos sobre as perguntas acima, sugerimos o preenchimento da Ficha 3.

FICHA 3
Síntese dos segmentos
Utopias que nos movem e escola dos nossos sonhos

SEGMENTOS/ ITENS	ALUNAS E ALUNOS	MÃES E PAIS/ E/OU REPRESEN-TANTES COMUNITÁRIOS	PROFESSORAS E PROFESSORES	COORD. PEDAGÓGICA E DIREÇÃO DA UNIDADE ESCOLAR	SECRETARIA, INSPETORIA, DEMAIS FUNCIONÁRIOS
Utopias que nos movem	1	1	1	1	1
	2	2	2	2	2
	3	3	3	3	3
Qual é a escola dos nossos sonhos	1	1	1	1	1
	2	2	2	2	2
	3	3	3	3	3

Do referencial à proposta e da proposta à ação: o papel do planejamento na construção e operacionalização do projeto político-pedagógico da escola e modelos de fichas

Definido o marco referencial que sintetizou nossas utopias e sonhos, vamos confrontá-lo com a realidade. É o momento de *saber interpretar, de entender o estar sendo de cada escola, o estar sendo de todos* que, direta ou indiretamente, estão envolvidos com o trabalho ali realizado. Essa fase exige os seguintes passos: 1. avaliação dos resultados do ano anterior; 2. definição do auto-retrato da escola (leitura do mundo); e 3. definição dos compromissos a serem assumidos para mudar, ou aperfeiçoar, aquele retrato, ou seja, o que faremos na nossa escola.

1. Avaliação dos resultados do ano anterior

Questões a ser levantadas:

a) Quais foram os principais problemas que dificultaram a realização de nossa proposta pedagógica?

b) Quais foram os índices de evasão na nossa escola?

c) Quais as principais dificuldades enfrentadas na sala de aula?

d) Quais as principais dificuldades enfrentadas pela escola e pelos diferentes segmentos escolares?

e) Como os recursos foram aplicados e utilizados na escola? Quais foram as principais fontes? Eles foram suficientes?

f) Houve participação do coletivo escolar na decisão sobre onde, como e quando aplicar os recursos?

g) A APM apresentou, regularmente, todos os seus balancetes? A escola recebeu recurso ou ajuda de alguma instituição parceira? Quais as condições dessas parcerias?

Pode-se anotar os problemas e apontar possíveis soluções para eles. E, mais uma vez, cada segmento escolar deve indicar os problemas, de acordo com o seu olhar (mas, se possível, desde logo com base no levantamento etnográfico realizado pela escola). No exemplo abaixo, a Ficha 4 mostra como podemos organizar esse levantamento de problemas e como indicar possíveis soluções.

FICHA 4
Propostas de ação

PROBLEMAS CONCRETOS (alguns possíveis exemplos)	O QUE FAREMOS PARA SUPERAR ESTE PROBLEMA* *(exemplos)...*	PROPOSTAS DE AÇÃO (TIPOS) *(exemplos)*
1. A indisciplina e a violência estão altos na escola	*Palestras na escola; reuniões com os pais; definir normas com alunos*	*1, 3 e 4*
2. Ameaçar, falar alto, gritar com os alunos	*Formação dos professores* *Respeito ao aluno*	*1* 2
3. Avaliação do aluno muito rígida e tradicional	*Curso sobre avaliação e conversa com os pais*	*3*
4. Dinâmica e horário das reuniões de pais e mestres	*(...)*	*(...)*
5. Discurso e prática de professores não coincidem		
6. Disposição das carteiras na sala de aula (em filas)		

7. Excesso de atividade extraclasse		
8. Falta de atividades lúdicas em sala de aula		
9. Falta de integração direção-professores-pais		
10. Falta de integração entre o corpo docente		
11. Falta de um trabalho interdisciplinar, integrado		
12. Falta maior participação dos pais na escola		
13. Funcionários da escola não são ouvidos		
14. Horários pedagógicos mal ou subutilizados		
15. HTPC ociosos ou parcialmente aproveitados		
16. Muitos professores desmotivados (salários etc.)		
17. Os pais e mães não estão acompanhando os filhos		
18. Preconceito com os alunos, desrespeito, desprezo		
19. Reprovação e evasão — taxas ainda muito elevadas		
20. Salas de aulas muito sérias e tradicionais		
INCLUIR ABAIXO OUTROS PROBLEMAS DE ACORDO COM A OPINIÃO DO SEU GRUPO		
21.		
22. (...)		

(*) A questão orçamentária é fundamental neste momento e durante todo o processo de planejamento. Os segmentos escolares deverão levantar dados sobre a origem e aplicação dos recursos utilizados pela escola, além de acompanhar e fiscalizar a sua aplicação. Algumas propostas de ação exigem, automaticamente, uma vinculação orçamentária, para cobrir as despesas e os gastos delas decorrentes. Cabe à direção da escola (em conjunto com a APM), disponibilizar a todos os segmentos essas informações.

2. *Definição da "leitura de mundo", guia para o levantamento de dados sobre a estrutura física e a organização sociocultural da escola e do seu entorno*

Deve-se agora criar as condições para que a equipe escolar possa se organizar para conhecer, profundamente, a sua realidade, ou seja, compreender a escola não só em relação ao âmbito institucional. Trata-se de fazer uma "leitura do mundo" mais aprofundada, realizada coletivamente, com a participação ativa e permanente de toda a comunidade escolar.

Durante a fase do planejamento anual e/ou da definição das prioridades em relação à construção socializada do projeto político-pedagógico da escola é que poderão ser definidas as etapas de trabalho que deverão ser seguidas para a coleta, tabulação e interpretação dos dados levantados pelos diferentes segmentos.

Nessa direção, a equipe técnica do Instituto Paulo Freire elaborou, no mês de agosto de 1997, um documento chamado *"leitura do mundo"*, guia para o levantamento de dados sobre a estrutura física e a organização sociocultural da escola e do seu entorno. Referimo-nos provisoriamente à "leitura de mundo", realizada com base na observação participante (sócio-antropológica), no qual há uma interação constante entre o pesquisador e o objeto pesquisado. Ela caracteriza-se por considerar aspectos relacionados à dimensão cotidiana da escola e da comunidade, que fazem parte de sua área de abrangência, enfatizando sobretudo os elementos culturais dos sujeitos e dos segmentos que nela atuam direta ou indiretamente.

Para que seja estudado por todos, é fundamental que o guia da "leitura do mundo" seja reproduzido pelas diretorias de ensino, oficinas pedagógicas e unidades escolares e distribuído a cada uma das pessoas que estiverem participando da reunião de planejamento da escola.

Na própria reunião de planejamento, os participantes podem realizar, entre si, um primeiro estudo sociocultural, com base na avaliação dos resultados do ano anterior e do levantamento de alguns dados que julgarem prioritários para a definição do projeto político-pedagógico da escola. Uma vez que o grupo que dará início ao processo do planejamento é formado por sujeitos coletivos representativos de toda a comunidade escolar, pode-se dizer que o levantamento e a interpretação dos dados do próprio grupo representam um passo importante para a realização da "leitura do mundo".

A leitura da realidade escolar e de seu entorno (etnografia da escola) será confrontada com os dados levantados a partir das propostas "ideais" estabelecidas pelo grupo quando da definição do marco referencial. A compreensão do mundo, a definição das utopias e o conhecimento da realidade em que está inserida a escola permitirão verificar a viabilidade das ações que serão propostas.

Algumas questões podem ser apresentadas aos segmentos escolares, durante a semana do planejamento, de maneira a direcionar possíveis encaminhamentos em relação à própria "leitura de mundo", bem como em relação às próximas etapas da elaboração do projeto político-pedagógico da escola.

POSSÍVEIS PERGUNTAS

1. Em relação à *"leitura do mundo"*: É importante para o planejamento a aplicação de métodos científicos de investigação da realidade? Que dados da sua escola, sugeridos na etnografia da escola, seu grupo já conhece e quais dados desconhece completamente? De que comissões de trabalho os integrantes do seu grupo poderão participar?
2. Em relação aos *dados da realidade* escolar já existentes: Quais os aspectos positivos que podemos apontar em relação aos trabalhos desenvolvidos em nossa escola nos últimos anos? Que inovações educacionais foram implantadas em nossa escola recentemente? Quais são nossas maiores dificuldades para a realização de um trabalho pedagógico de maior qualidade nesta escola? Como temos enfrentado esses problemas?
3. Em relação a *outros dados* que eventualmente ainda não temos: Quantos pais de alunos e professores são sindicalizados? Eles assistem a tevê regularmente? Que tipo de programação? Quais são as principais queixas dos segmentos escolares? No que a nossa comunidade se diferencia de outras comunidades? Quais são os hábitos culturais e desportivos de nossa comunidade? Qual é o lazer predominante? Qual é o padrão de interação professor-aluno-comunidade mais praticado em nossa escola?

3. O que faremos em nossa escola?

A *programação das atividades* é que dará a primeira forma concreta documental ao projeto político-pedagógico da escola. É aqui que todas as propostas de ação tomarão corpo. Elas serão definidas a partir do *levantamento preliminar sobre os dados da realidade escolar* ou a partir da concretização das etapas prioritárias da etnografia escolar que, num primeiro momento, o coletivo escolar for capaz de realizar.

As ações propostas pelos segmentos escolares devem ser viáveis e exeqüíveis, ou seja, possíveis de ser realizadas. O conjunto dessas ações deve representar, o mais possível, a vontade da maioria do coletivo escolar, devendo ser estabelecidas consolidações mínimas pelas quais todos possam ser co-responsáveis.

Segundo Vasconcellos (1995:163-168), deve-se iniciar essa etapa deixando claro ao grupo que as propostas de ação devem ter como meta a *satisfação das necessidades* apontadas tanto no marco teórico quanto no diagnóstico (leitura do mundo) . Além disso, todos devem saber que nem todas as necessidades da instituição serão satisfeitas por meio de ações concretas. Esse autor considera que as propostas de ação podem ser, basicamente, de quatro tipos:

a) *Ação concreta*: proposta de uma ação que tem um caráter de terminalidade, ou seja, uma ação bem determinada que se esgota ao ser executada. Deve conter *o que* e *para que*, quer dizer, que tipo de ação se propõe e com que finalidade.

b) *Linha de ação* (ou orientação geral, princípios): indica sempre um comportamento, uma atitude, um modo de ser ou de agir.

c) *Atividades permanentes* (ou rotinas): são propostas de ação que se repetem, que ocorrem com determinada freqüência na instituição. A atividade permanente também deve atender a alguma necessidade da instituição.

d) *Determinações* (normas): são ações marcadas por um caráter de obrigatoriedade, que atingem a todos ou a alguns sujeitos.

A definição da programação das atividades que será contemplada no projeto político-pedagógico da escola pode também ser organizada nos mesmos moldes definidos para as etapas anteriores, com momentos de reflexão e de decisão individuais, em grupo e em plenário. Nessa fase de elaboração do projeto da escola, o conjunto de participantes já criou uma dinâmica de trabalho e poderá estabelecer a melhor maneira de realizar essa etapa. Naturalmente, a equipe de coordenação da reunião é que estará à frente de todas as atividades, buscando sua melhor organização e realização.

De acordo com o exemplo e com as sugestões de solução para os problemas da escola, constantes da Ficha 4, pode-se realizar uma discussão com todo o grupo para a definição dos problemas que terão atenção prioritária no projeto político-pedagógico da escola. Assim, o grupo deverá buscar um consenso ativo e participativo em torno não apenas da definição dos problemas que deverão ser resolvidos prioritariamente na escola, mas também indicar e desde já classificar quais os tipos de ações que corresponderão às respectivas soluções apresentadas: Tipo 1 — Ações Concretas; Tipo 2 — Linhas de Ação; Tipo 3 — Atividades permanentes; Tipo 4 — Determinações. Naturalmente um mesmo problema pode receber diferentes propostas de solução e, por conseguinte, corresponder a diferentes tipos de ações simultâneas ou não. A Ficha 5 apresenta alguns exemplos.

FICHA 5

Indicadores das prioridades do projeto político-pedagógico*

PRIORIDADES (itens dispostos por ordem de importância/urgência; numerar de acordo com os problemas da Ficha 3)				
Ordem dos problemas/ Prioridade	1. AÇÃO CONCRETA Ação concreta com caráter de terminalidade	2. LINHA DE AÇÃO Orientação geral, princípios, modo de ser ou de agir, atitude esperada	3. ATIVIDADES PERMANENTES Propostas de ação que se repetem com freqüência na instituição	4. DETERMINAÇÕES OU NORMAS Ações marcadas com caráter de obrigatoriedade, que atingem a todos ou a alguns sujeitos
2	*Formação de professores*	*Respeito ao aluno e a todas as pessoas*	*Formação de professores*	
3			*Curso sobre avaliação/ciclos e conversa com os pais*	
1 (...)	*Palestra na escola*		*Reuniões com os pais*	*Definir normas com os alunos*

(*) Definir, a partir do marco referencial e, portanto, das fichas anteriores, as PRIORIDADES (ações prioritárias) do projeto político-pedagógico da unidade de ensino. Sugere-se colocar em ordem de importância as ações propostas, anotando na primeira coluna o número do problema constante da ficha anterior, em ordem crescente de prioridade.

Concluída esta etapa, uma última fase seria a redação final da programação das atividades, documento que, somado aos anteriores, será a base para a elaboração "definitiva" do documento do projeto político-pedagógico da escola.

Poderá ser constituída uma comissão responsável pela redação do projeto político-pedagógico da escola que será elaborado com base no documento final das reuniões realizadas e na síntese da programação das atividades para a escola. Outras comissões de trabalho poderão ser constituídas para, por exemplo, desenvolver campanhas de esclarecimento à comunidade sobre o projeto da escola e dar início à execução das ações programadas durante o processo do planejamento dialógico.

Estrutura básica referencial do projeto político-pedagógico da escola

Como se trata de um processo e não apenas de um produto, a estrutura básica de um projeto pedagógico é sempre indicativa e pode variar de escola para escola, não ficando presa a modelos tecnicistas que estariam predeterminando a apresentação formal do projeto. Contudo, para uma melhor visualização prática, podemos sugerir alguns elementos que geralmente constituem o *registro documental* de um projeto. Mais importante do que produzir um documento perfeito e tecnicamente de acordo com os jargões científicos ou burocráticos, é dizer com clareza o que a escola vai realmente fazer, a partir de suas condições, de acordo com as estratégias que são factíveis e com os recursos que, mesmo ainda não disponíveis, têm condições de ser alocados. É fundamental, além disso, registrar no projeto o sentimento das pessoas, as vivências durante o processo de construção do projeto, a subjetividade do grupo ou dos grupos, de cada segmento, o imaginário deles, enfim, o maior número de informações possível para que a história da escola possa ser escrita, incluindo-se aí não só o que já estava instituído, como também o resultado, sempre processual, do que está sendo instituído. Cada um dos itens da estrutura do projeto poderá, assim, contribuir efetivamente para que as diretrizes, princípios, propostas e deliberações dos participantes da construção de tal projeto estejam consignados e registrados, o que irá favorecer a execução e a permanente avaliação desse processo.

1. *Identificação do projeto.* Nome do projeto, identificação geral da escola, período de duração do projeto, número de alunos, de professores e de funcionários.

2. *Histórico e justificativa.* Registrar como se deu o processo de articulação dos segmentos escolares para a realização do planejamento e como as decisões foram tomadas pelo coletivo escolar. A seguir, faz-se a apresentação propriamente dita do projeto político-pedagógico, incluindo uma síntese do marco referencial, relacionada ao "retrato da escola que temos" e às prioridades e ações que pretendemos implementar e implantar em nossa escola. Devemos mostrar a relevância das nossas propostas, as prioridades e sua validade política e técnica e, ainda, descrever o alcance social que as ações do projeto proporcionarão.

3. *Objetivos gerais e específicos.* Os objetivos gerais devem reportar-se aos objetivos do sistema ao qual a escola está ligada. A exposição dos objetivos gerais refere-se aos propósitos da escola, de forma coerente com a justificativa, e tem como fonte os direitos sociais, as políticas nacionais, estaduais e municipais da educação e as prioridades estabelecidas com a etnografia da escola. Os objetivos específicos do projeto político-pedagógico representam o desdobramento do objetivo geral tendo em vista a construção de uma proposta essencialmente voltada para os direitos, interesses e necessidades do aluno. Nesse sentido, é de extrema relevância o estabelecimento de objetivos relacionados, por exemplo, à definição do currículo escolar (a escola cidadã defende, por exemplo, o regime de ciclos, o trabalho interdisciplinar e transdisciplinar, associado à realização da avaliação dialógica do processo de ensino e aprendizagem, à avaliação institucional etc.). Mas os objetivos nascem do processo e não fora dele. Ou seja, são definidos com base nas diretrizes e prioridades do projeto político-pedagógico da escola, conforme pudemos acompanhar.

4. *Metas.* São mais concretas que os objetivos e mais imediatamente exeqüíveis, devendo ser quantificadas e detalhadas segundo a localização (onde e quando vai ocorrer a ação). Contudo, elas não são rígidas nem pressupõem comportamentos rigorosos. Através de uma ação sistemática e de avaliação permanente, contribui-se para dar mais sentido ao percurso. Quando as metas não são atingidas, deve-se verificar coletivamente quais as possíveis causas e levantar as ações anteriormente previstas que, eventualmente, ainda não foram concretizadas. As metas devem ser enumeradas em consonância com as atividades que serão desenvolvidas durante o período de execução do projeto.

5. *Desenvolvimento metodológico.* Para que os objetivos e as metas sejam alcançados, determinadas metodologias (estratégias) têm de ser desenvolvidas na prática. Elas emergem da realidade e dizem respeito ao quê, ao como e em que tempo será feito. Trata-se também de prever a disponibilidade de meios (físicos, materiais, humanos e financeiros).

6. *Recursos.* Uma unidade escolar envolve recursos humanos, materiais e financeiros. É bom abrir subitens para cada um desses grupos de recursos, prevendo-os de acordo com a meta a ser atingida, com o desenvolvimento metodológico adotado e com o cronograma de execução. No caso de recursos financeiros, facilita-se sua visualização se previstos em termos de receita (e respectivas fontes) e despesa, com especificação de bens e serviços a serem adquiridos e classificação das rubricas que abrigarão os dispêndios (classificação orçamentária). Lembremos que a escola cidadã enfatiza a realização de um orçamento participativo, em que toda a comunidade escolar decide sobre os gastos e investimentos da escola, além de acompanhar e de fiscalizar a aplicação destes.

7. *Cronograma.* Pode integrar o desenvolvimento metodológico, uma vez que ele prevê a distribuição ordenada das ações ao longo do tempo, de acordo com as possibilidades de ação e a disponibilidade de recursos, cronologicamente situadas. Será mais fácil visualizar as principais iniciativas e medidas que serão tomadas, no momento ou periodicidade adequados, se o cronograma for elaborado em um quadro, no qual, à esquerda, dispõem-se as atividades a ser realizadas e, respectivamente à direita de cada data, distribuem-se os períodos (dias, meses ou anos) em que elas deverão ser cumpridas.

8. *Avaliação.* São os momentos de verificação da concretização parcial e total dos objetivos e metas. Para tanto, é necessário prever também os instrumentos de avaliação. Em alguns casos, eles serão quantitativos, como, por exemplo, no caso de taxas e índices (matrículas, percentuais de aprovação, reprovação, evasão etc.); em outros, serão qualitativos.

9. *Conclusão.* O projeto político-pedagógico da escola deve oferecer elementos para a elaboração do *Regimento Escolar.* Este por sua vez, disporá sobre todas as decisões dos segmentos escolares em relação às diferentes atribuições e competências administrativas, financeiras e pedagógicas da escola. Poderá, por exemplo, dispor

sobre como a escola compreende a questão da avaliação, do currículo, da gestão dos colegiados e dela própria, da utilização das *novas tecnologias* na educação e sobretudo da relação entre professores e alunos e entre escola e comunidade. A Escola Cidadã pretende contribuir para a construção de uma sociedade cidadã.

Capítulo 5

A DIMENSÃO PEDAGÓGICA DO PROJETO POLÍTICO-PEDAGÓGICO

Precisamos contribuir para criar a escola que é aventura, que marcha, que não tem medo do risco, por isso que recusa o imobilismo. A escola em que se pensa, em que se atua, em que se cria, em que se fala, em que se ama, se adivinha, a escola que apaixonadamente diz sim à vida.

Paulo Freire, *Professora sim, tia não*, 1995

Já falamos da politicidade do ato pedagógico, inerente à educação e, portanto, à construção do projeto político-pedagógico da escola. No entanto, resta-nos aprofundar a dimensão pedagógica, sobretudo no que se refere ao currículo e à avaliação do processo de ensino e aprendizagem, que é fundamental quando pensamos no projeto da escola que pretende influenciar as políticas públicas educacionais, a partir da visão do planejamento socializado e ascendente, contribuindo para que as pessoas, as escolas e a sociedade sejam cidadãs.

Quando abordamos essa dimensão do ato pedagógico, nosso olhar é o olhar do pedagogo que entende a Pedagogia "enquanto ciência prática *da* e *para* a práxis educacional, (que) determina objetivos pedagógicos desta a partir *da* e *para* a práxis, cujo sentido não está pois na compreensão, mas no aperfeiçoamento da práxis" (Pimenta, 1996:55). Estamos, pois, no âmbito da *Pedagogia Dialética*

(Schmied-Kowarzik), da *Pedagogia da Autonomia* e *Pedagogia da Indignação* (Freire) e da *Pedagogia do Conflito, da Práxis* e *Pedagogia da Terra* (Gadotti),

A pedagogia enquanto ciência dialética nos mostra que "o conflito está na base de toda a pedagogia" (Gadotti, 1995:30), que o seu referencial maior é a práxis, entendida como ação transformadora (ibid.) e que o fenômeno educativo é sempre um processo humanizador que depende da mediação pedagógica do educador.

Segundo os professores Francisco Gutiérrez e Daniel Prieto, a "mediação pedagógica ocupa um lugar privilegiado em qualquer sistema de ensino-aprendizagem (e) no caso da relação de presença, é o docente quem deveria atuar como mediador pedagógico entre a informação a oferecer e a aprendizagem por parte dos estudantes" (Gutiérrez & Prieto, 1994:61). Nessa perspectiva, a relação pedagógica na escola e na sala de aula é sempre algo em construção, e depende da confluência de diferentes fatores presentes no processo de ensino e de aprendizagem, tais como a ação do educador, do educando, os conflitos e as contradições presentes no trabalho educativo e da maneira como os conhecimentos já existentes são mediados e como os novos conhecimentos são construídos durante o processo mesmo de reflexão sobre a prática pedagógica.

Como a educação é fenômeno complexo, a pedagogia é ciência e arte da educação aberta às demais ciências, porque sozinha não conseguiria dar conta da complexidade do real pedagógico e de explicar todas as variantes do fenômeno educativo. Por isso ela recorre à ajuda das demais ciências tais como a Biologia, a Psicologia, a Antropologia, a Etnografia, a Sociologia, a Economia, a Ecologia. Recorre também à Filosofia e, como diz Coelho e Silva (1991), citado por Pimenta (1996:46), às "ciências com implicações na educação".

A Pedagogia é, para nós, uma *ciência transversal*, transdisciplinar, porque, ao mesmo tempo em que perpassa as demais ciências — quando estas, nas suas especificidades, precisam recorrer à Pedagogia para explicar o seu próprio objeto de investigação —, é por elas perpassada e a elas recorre ao investigar a práxis educativa. Daí o caráter transdisciplinar da pedagogia, pois a práxis transformadora por ela estudada é também "essencialmente criadora, ousada, crítica e reflexiva" (Gadotti, 1995:31).

A transversalidade cidadã e a complexidade da Pedagogia

Com base nos pressupostos citados e ao nos aproximarmos preliminarmente do estudo do currículo da escola, poderíamos considerar a existência de uma transversalidade cidadã, que não partiria de conteúdos prontos, de disciplinas clássicas definidas *a priori* ou de temas transversais escolhidos por especialistas em função de pseudo "urgências sociais". Uma transversalidade cidadã nasceria da "leitura prévia do mundo" (Freire), definida e realizada na relação entre educadores e educandos e destes com o mundo em que vivem enquanto sujeitos do ato educativo e sujeitos do/no mundo.

A "leitura de mundo" , à qual nos referimos, pode ser realizada utilizando diferentes metodologias e instrumentos de pesquisa e de leitura do cotidiano como, por exemplo, a "etnografia da escola" (Equipe técnica do IPF, 1997), uma proposta desenvolvida provisoriamente com este nome, que apresenta uma possível organização e sistematização do levantamento de dados sobre a estrutura física e a organização sociocultural da escola, dando ênfase à dimensão cultural e ao trabalho democrático, coletivo e participativo na definição do processo de coleta e de interpretação dos dados.

O "estudo do meio" é realizado e organizado em etapas de trabalho coletivamente organizadas, de acordo com as condições concretas da escola e com a capacidade de organização dos segmentos escolares. Assim, dá-se início a um processo de levantamento junto à comunidade escolar, com a participação desta em todas as suas fases, do levantamento do tema gerador ou do contexto gerador (ou do "complexo temático" conforme, por exemplo, a experiência da escola cidadã do município de Porto Alegre — RS, que já dura 12 anos). Os dados levantados num processo pedagógico em si mesmo — pois ao levantar essas informações os alunos e toda a comunidade escolar já estarão vivenciando um processo de leitura e de interpretação do contexto da escola em comparação com o contexto mundial/global/planetário — tornarão possível um trabalho inter e transdisciplinar na escola. E, com base nesse trabalho, o currículo da escola e o seu projeto político-pedagógico passam a ser construídos processualmente, a ser avaliados e repensados pelos alunos, pelos professores, pelas pessoas que estão vivenciando o cotidiano escolar. Verifica-se o que estamos chamando, pela primeira vez, "transversalidade cidadã", transversalidade que estaria se contrapondo, por exemplo, aos temas transversais propostos nos PCNs (Brasil, 1997), uma vez que na Escola Cidadã os temas geradores, os contextos geradores ou os complexos temáticos é que dão vida ao currículo.

Na transversalidade cidadã, as disciplinas e cada área do conhecimento, ao mesmo tempo que mantêm suas peculiaridades, trabalham sempre na dimensão da integração, da interatividade, pois "transversam" recíproca e permanentemente entre si e superam a visão clássica de que cada disciplina será capaz de dar conta da realidade pesquisada. Da mesma forma, e até mesmo para possibilitar este trabalho, as relações pedagógicas estabelecidas na sua previsão, execução e avaliação são também democráticas, integradoras e interativas. E essas relações pedagógicas são estabelecidas durante todo o processo de reflexão, construção, elaboração, execução e de avaliação do projeto político-pedagógico da escola. Daí decorre outra visão de relação pedagógica, que teria como princípio a participação dos alunos em todo o processo educacional, a partir da sala de aula, da construção do projeto político-pedagógico da escola e, principalmente, colaborando ativamente na definição e construção do currículo escolar, em sentido amplo, referenciado na concretude contextual dos partícipes do processo educativo contraposta e relacionada a uma visão planetária de mundo e consubstanciada nas relações que eles estabelecem com o mundo.

Para Paulo Freire, o conceito de "relação" possui duas dimensões: uma dimensão da esfera puramente humana e outra dimensão das relações que o homem trava com o mundo. Segundo ele, a esfera puramente humana guarda em si "conotações de pluralidade, de transcendência, de criticidade, de conseqüências e de temporalidade" (Freire, 1983:39). Já na esfera das suas relações com o mundo e no mundo, as relação são pessoais, impessoais, corpóreas e incorpóreas, e "apresentam uma ordem tal de características que as distinguem totalmente dos puros contatos, típicos da outra esfera animal" (ibid.). Portanto, o homem não é apenas um ser de contatos mas, sim, ser de relações, pois "não apenas está *no* mundo, mas *com* o mundo. Estar *com* o mundo resulta de sua abertura à realidade, que o faz ser o ente de relações que é" (ibid.).

Ainda, segundo Freire, não há respostas padronizadas aos questionamentos do homem em sua relação no e com o mundo, e do homem na relação com o outro homem, ou melhor, na relação da pessoa humana com a outra pessoa humana. Daí podemos inferir sobre a impossibilidade de definir conteúdos prévios, disciplinas antecipadamente recomendadas, até mesmo como referenciais privilegiados, independentemente do contexto em que estes serão estudados ou trabalhados. E isso se aplica também aos temas transversais e às relações transversais e múltiplas que se estabelecem no processo de ensino e de aprendizagem e de tomada de consciência sobre novos conhecimentos e sobre o desenvolvimento da consciência individual, por exemplo. Neste particular, só para exemplificar, observamos que "o processo de tornar-se consciente de algo é complexo e função de vários fatores que interagem simultaneamente, como atenção, percepção, emoção" (Lima, 1997:10). Por isso, estabelecer externamente ao sujeito conhecimentos que ele deverá aprender ou sobre os quais deverá tomar consciência permanece numa dimensão de ciência que desconsidera a cultura como elemento mediador no desenvolvimento humano. E que não se entenda que partir da cultura do aluno é limitar-se a ela e ficar restrito ao horizonte contextual local daquele.

Conforme escreve a professora Elvira Souza Lima, "uma pedagogia culturalmente relevante não é aquela que restringe conhecimento formal a ser trabalhado pelo aluno àquele diretamente relacionado à experiência cultural do educando" (Lima, 1997:11). Ao contrário, o que ela propõe é o "alargamento do conhecimento formal do indivíduo, apoiando-se na experiência cultural para a elaboração do currículo e da proposta pedagógica" (ibid.). Além disso, lembra a citada professora, "pela antropologia sabemos que todo ser humano constrói conhecimento através do domínio das práticas culturais existentes em seu meio e que este tipo de aprendizagem obedece a certas leis gerais. Tempo e espaço determinam as formas e qualidades da aprendizagem" (ibid., p. 12). A autora conclui que, tanto no caso da educação escolar quanto no caso das aprendizagens informais, "o ser humano aprende na relação com o outro: a natureza da aprendizagem está diretamente relacionada ao contexto" (ibid., p. 15). E assim vão sendo determinados pelos educadores e pelos educandos os conhecimentos culturais que serão objeto da "inter-relação entre a cultura e a aprendizagem na escola" (ibid., p. 16).

Nossa compreensão de currículo, nossa concepção de Pedagogia e nosso olhar para a educação apontam para o estabelecimento de relações pedagógicas complexas e emancipadoras, que chamamos de "cidadãs" porque favoráveis à formação plena do/a cidadão/ã ativo. E isso significa a possibilidade de experimentar, vivenciar e plantar no espaço escolar, a começar pela sala de aula, uma nova interatividade entre as pessoas, entre estas e o conhecimento, entre o mundo interior da escola e de cada um de nós e o mundo exterior (dimensão comunitária e planetária) e entre as dimensões local e global. Daí decorrem, possivelmente entre outros fatores, um novo tipo de comunicação, novas trocas culturais e interculturais, um outro formato de construção do conhecimento, uma nova visão da história e uma outra perspectiva de futuro. Tal possibilidade se concretiza se partirmos de outros pressupostos plurais da vida e da cultura humana. Estamos nos referindo, neste particular, a um novo paradigma de ciência, a uma nova epistemologia ou ao recentemente chamado "paradigma emergente" (Morin, 1999), que abre possibilidade para melhor compreender, explicitar e apontar esses novos caminhos.

Se pensarmos, por exemplo, na participação, tema muito debatido no contexto educacional contemporâneo, sobre o qual temos também pesquisado (Padilha, 1999, e tendo em mente que o "homem não é somente biológico ou cultural, nem metade de cada um, mas totalmente biológico e metabiológico (cultural, espiritual, político)" (Porto, s.d.:4), não podemos considerar, por associação de idéias, que uma relação pedagógica participativa possa ser explicada e entendida apenas no que se refere ao poder de decisão, à correlação de forças, ao exercício do voto, ou à capacidade de decidir das pessoas. Novas abordagens de análise para o tema da participação se apresentam hoje, sobretudo utilizando o enfoque da "razão cultural" para a gestão escolar. Segundo a professora Maria Cecília Sanchez Teixeira, a participação tem por característica "permitir um questionamento dos enfoques teóricos que orientam as práticas pedagógicas e administrativas nos sistemas de ensino" (Teixeira, 1990:92). Ou então, como nos lembra a professora Maria do Rosário Silveira Porto, ao pensarmos em participação na instituição escolar e na sua organização, é preciso considerar a perspectiva da complexidade do social pois "partindo-se da concepção de educação enquanto prática simbólica que encaminha as demais práticas sociais, é possível pensar em uma outra escola, tanto relativamente à organização (ou organizacionalidade), quanto às funções que pode desempenhar" (Porto, 1999:8). Fazendo um paralelo com as afirmações anteriores, consideramos que não é possível pensar o futuro da escola se continuarmos satisfeitos com explicações parciais e fragmentadas da participação, da educação e principalmente da ciência, como se ela desse conta da nossa realidade e como se fosse admissível continuar a deixar de lado aquilo que não conseguimos explicar, aquilo que consideramos de difícil explicação porque relacionado à emoção, à sensibilidade, à subjetividade e não simplesmente à razão, ao quantificável, ao mensurável.

Quando nos referimos à construção do projeto político-pedagógico, estamos, ao mesmo tempo, falando de relações pedagógicas na sala de aula e de relações complexas na escola. E quanto mais dialógico for o processo de ensino e aprendizagem, maiores serão as nossas condições de enfrentar os desafios dessa complexidade, pois, como nos diz Edgar Morin, a dialógica significa "que duas 'lógicas' diferentes estão ligadas em uma unidade, de forma complexa (complementar, concorrente e antagônica) sem que a dualidade se perca da unidade)" (Morin, 1999:44).

Cremos estar caminhando, a passos necessariamente lentos, para desvelar a nova dialógica e tentar compreender a cidadania enquanto uma nova cultura, mudança de atitude, que tem por referência a relação com o outro num processo de participação que seja resultado do conhecimento sobre si mesmo e não de invasão e reprodução cultural. Por isso defendemos a construção do projeto político-pedagógico da escola alicerçado na relação pedagógica que se estabelece desde a sala de aula, fundamentada na dialogicidade sensível, crítica, conflitiva, reflexiva, criativa, permanentemente política e transdisciplinar. Dessa forma, possibilitamos aos sujeitos do processo pedagógico espaços de convivência e de descoberta dos caminhos a serem trilhados, para que aprendam não só a conhecer, a fazer, a viver juntos e a ser (Delors, 1999), mas principalmente a viver plenos da busca da felicidade a que todos têm direito, do pensar e agir autônomos e capazes, como nos adverte Morin (2000), e de reconhecer os limites e potencialidades da razão, do conhecimento, da condição humana, da identidade terrena, das incertezas, da compreensão e da ética do gênero humano.

Para Paulo Freire, o diálogo é "o encontro amoroso dos homens que, mediatizados pelo mundo, o 'pronunciam', isto é, o transformam, e, transformando-o, humanizam para a humanização de todos" (Freire, 1982a:43). Diríamos, ainda, completando Freire, que não há relação pedagógica sem diálogo amoroso e conflitivo, da mesma forma que não há relação amorosa que resista à falta do diálogo e à ausência do conflito.

A relação pedagógica na escola e na sala de aula deve considerar sempre a dialogicidade reclamada por Freire, a dimensão cultural analisada por ele e por Lima, os "pilares da educação" apontados por Delors, a complexidade demonstrada por Morin, e principalmente a ação pedagógica permanentemente reflexiva do educador e da educadora no seu trabalho diário com seus alunos e com suas alunas. É com base nesses pressupostos e na possibilidade de estarmos criticamente abertos à perspectiva de mudança das nossas atuais práticas, bem como de repensarmos, com novos olhares, que a avaliação do processo de ensino e aprendizagem pode ser includente e dialógica, que apresentamos a seguir uma síntese com algumas experiências relacionadas à construção do currículo escolar a partir da sala de aula e da escola numa perspectiva cidadã.

Segundo o Prof. Moacir Gadotti, "estamos sempre buscando operar mudanças e inovando. Fala-se muito, hoje, em experiências inovadoras que propõem mudanças" (Gadotti, 2000:231). Nesse sentido, inovar tem a ver com "novo"; inovação tem sempre a ver com algo mais "antigo" e com um caráter relativo, enquanto a mudança é mais radical, pois opera rupturas. No entanto, também não podemos falar em inovação desconsiderando o que já existe e desprezando as experiências já concretizadas. E sabemos que no âmbito do senso comum, acabamos muitas vezes por associar o conceito de inovação a um caráter de ineditismo, como se, num *insight,* conseguíssemos "criar" algo inteiramente novo, que não encarna em si nada do velho ou ignora a contribuição de algum aspecto da tradição.

É comum, na educação, encontrarmos análises que negam não só a atualidade, mas também a presença de algumas concepções chamadas "tradicionais", como se elas, de repente, deixassem, completamente, de exercer influência sobre nossa cultura, sobre nossas práticas e experiências. Isso é um equívoco.

Quando nos dedicamos à construção de um novo projeto para determinada escola (instituinte), precisamos necessariamente partir do que já existe, das experiências da comunidade escolar, do conhecimento que elas têm de si mesmas e dos resultados dos seus projetos, dos seus subprojetos e principalmente das aprendizagens apresentadas por seus alunos e alunas (nível do instituído).

Na perspectiva da Escola Cidadã — que, segundo Paulo Freire, é aquela que "se assume como um centro de direitos, como um centro de deveres (...) que, brigando para ser ela mesma, viabiliza ou luta para que os educandos e educadores também sejam eles mesmos" —, inovação educacional tem a ver com a "construção de uma escola de melhor qualidade, que encare o ato de ensinar e de aprender como um ato prazeroso, que apresente como traços principais a alegria, a seriedade na apropriação e recriação dos conhecimentos, a solidariedade de classes e a amorosidade, a curiosidade, a pergunta, que esteja voltada para a transformação social, que seja uma escola cuja boniteza se manifeste na possibilidade da formação do sujeito social" (Gadotti & Romão:1997:Quarta capa)

Assim, é importante destacar que qualquer tentativa de inovação educacional deve considerar que ela exige o *conhecimento* do instituído, a *motivação* para a sensibilização e o reconhecimento das necessidades existentes, a identificação de um *referencial teórico* que imprima consistência à proposta, uma *comunicação eficiente*, um sentido explícito, objetividade, flexibilidade e *exeqüibilidade* sobre o que se quer inovar, além das práticas processuais de *avaliação e auto-avaliação* sobre as proposta de inovação que será/está sendo implementada (ibid.).

Segundo Francisco Gutiérrez e Cruz Prado (1999:97), "apenas aqueles que sentem a alegria de viver e têm o prazer da existência podem fazer da vida um espaço de aprendizagem. A partir da cultura da morte não é possível promover a vida e nem defender a vida".

Associado a esses aspectos, não podemos negligenciar as vicissitudes das propostas educacionais, quase sempre oficiais/governamentais, que invariavelmente se referem à inovação educacional mas que, de forma recorrente, nada ou muito pouco têm de inovadoras.

Os PCNs e as Teorias do Currículo

Para exemplificar o que dissemos acima, podemos retomar de forma mais aprofundada a análise que iniciamos anteriormente sobre currículo, transversalidade ou então sobre o que se convencionou chamar de "temas transversais", especialmente neste momento, no Brasil, a partir dos Parâmetros Curriculares Nacionais (PCNs), sobretudo se pensarmos nas Diretrizes Curriculares Nacionais para o Ensino Fundamental, homologadas no Diário Oficial da União em 30 de março de 1998.

Os PCNs estão alicerçados na Constituição Federal de 1988, na LDB nº 9.394/1996 e, por conseguinte, comprometidos com a cidadania defendida nessas Leis. Apresentam alguns princípios que deverão orientar a educação escolar no País (BRASIL, 1998:21), quais sejam:

- *Princípios da dignidade da pessoa humana*: respeito aos direitos humanos, repúdio à discriminação de qualquer tipo, acesso a condições de vida digna e respeito mútuo nas relações interpessoais, públicas e privadas;
- *Igualdade de direitos*: mesma dignidade e igualdade de direitos para todos, garantindo-se o princípio da eqüidade, isto é, a necessidade de levar em conta as diferenças (étnicas, regionais, de gênero, etárias, religiosas etc.) e desigualdades (socioeconômicas) para que a igualdade seja efetivamente alcançada;
- *Participação*: cidadania ativa, com responsabilidade de todos na construção e ampliação da democracia;
- *Co-responsabilidade pela vida social*: partilha com os poderes públicos e diferentes grupos sociais, organizados ou não, da responsabilidade pelos destinos da vida coletiva, conforme já preconizado no item anterior.

As Diretrizes Curriculares Nacionais "são o conjunto de definições doutrinárias sobre princípios, fundamentos e procedimentos na Educação Básica, expressas pela Câmara de Educação Básica do Conselho Nacional de Educação, que orientarão as escolas brasileiras do sistema de ensino, na organização, na articulação, no desenvolvimento e a avaliação de suas propostas pedagógicas". A idéia básica é que, a partir desses princípios e das diretrizes acima definidas, as instituições escolares passem a ter referências para que seu currículo possa ganhar em flexibilidade e abertura, uma vez que a proposta do governo apresenta os PCNs apenas como uma referência curricular, e não como currículo obrigatório.

Como já assinalamos em outra oportunidade (Equipe Técnica do IPF, 1998b; Padilha, 2000a), além das disciplinas tradicionais como Português e Matemática, Geografia e Ciências, os alunos deverão estudar questões sociais, ambientais e conteúdos chamados de *transversais* como ética, meio ambiente, orientação sexual, pluralidade cultural e saúde nas quatro séries iniciais do ensino fundamental, além do tema trabalho e consumo também incluído nas quatro séries finais desse mesmo nível de ensino.

Se compararmos esta proposta governamental, que não foi discutida amplamente em nível nacional (limitou-se à consulta envolvendo cerca de 700 especialistas), com as práticas históricas de exclusão social pela repetência e pela evasão, ou com a experiência ainda recente no país, em que o currículo escolar sequer passa perto dos temas sociais propostos na atual transversalidade, certamente veremos grande avanço nesta iniciativa. Nesse caso, o avanço seria maior na medida em que aumentasse a participação do aluno na escolha e na definição do currículo escolar. Ainda mais se considerarmos que currículo escolar não está limitado à grade curricular — entendida como um conjunto de conteúdos disciplinares a serem cumpridos em determinadas séries, anos, e com cargas horárias previamente estipuladas e fechadas, que precisam ser cumpridas custe o que custar. O currículo ao qual nos referimos é "lugar, espaço, território. O currículo é relação de poder. O currículo é trajetória, viagem, percurso. O currículo é autobiografia, nossa vida, *curriculum vitae*: no currículo se forja nossa identidade. O currículo é texto, discurso, documento. O currículo é documento de identidade" (Silva, Luiz Heron, 1999:150).

Entendemos que os temas transversais, presentes e em intersecção com os diferentes campos do saber, representam algum avanço no trato das questões sociais associadas ao currículo — porque, repetimos, isso não acontecia nas propostas curriculares anteriores — e assim podem motivar, em parte, relações pedagógicas que levam em conta as relações humanas reclamadas numa sociedade justa e equânime. Mas os temas transversais são muito limitados e não atendem à "complexidade do real", nem à complexidade do social", nem à policitidade presente no ato educativo. Portanto, esses temas são uma escolha limitada, feita por uma equipe de especialistas e significam uma dentre inúmeras opções temáticas possíveis, que não satisfazem a nossa concepção de currículo nem de transversalidade.

Já analisamos as concepções pedagógicas que orientaram o documento dos PCNs e, ao estudar a posição de outros educadores (Arroyo, Gentili, Silva, Macedo, Sancho, entre outros), consideramos que os parâmetros propostos em nível nacional, em sua minúcia disciplinar baseada numa concepção clássica de currículo, têm a intenção do estabelecer, na verdade, um "currículo nacional", com base num projeto político que acaba incentivando o abandono dos avanços curriculares já alcançados nas diferentes regiões do País. Além disso, enquanto os PCNs são demasiado detalhistas em relação ao trabalho com o conteúdo das disciplinas tradicionais, apontam sinteticamente para a possibilidade de se trabalhar os temas transversais por meio da metodologia de projetos, mas não oferecem indicações sobre como isso poderia, na prática, ser feito, sobretudo considerando a transdisciplinaridade implícita dos temas transversais e a dificuldade de incluí-los no cotidiano da escola, deixando uma espécie de nó górdio para professores e professoras.

Outros limites e contradições têm sido levantados quando o tema da discussão é a transversalidade: em relação ao meio ambiente, qual seria a credibilidade de um governo que propõe tal discussão ao mesmo tempo que não investe na superação de problemas de contaminação urbana e exploração destrutiva do território nacional; ou como defender o cuidado com o próprio corpo se crianças vivem em condições de pobreza e salubridade inaceitáveis (Sancho, 1998), ou mesmo como falar em ética num país que tem dado exemplos de corrupção e de impunidade?

Talvez o mérito dos PCNs e dos temas transversais seja o de colocar no centro da pauta de discussão a problemática do currículo e de sugerir, na transversalidade, temas sociais antes completamente esquecidos da educação escolar, que, ao serem considerados, levam em conta as dimensões conceitual, atitudinal e procedimental. Essas dimensões, segundo a proposta governamental, teriam justamente a função de responder às necessidades pessoais e sociais presentes no currículo.

O problema é que os PCNs pretendem que as disciplinas e a própria transversalidade possam dar conta da realidade, demonstrando assim o descompasso da proposta em relação ao avanço e à complexidade da própria ciência nas últimas décadas. Optam por uma visão moderna e positivista de ciência, assim como favorecem determinados conhecimentos e saberes (matemáticos, por exemplo), em detrimento de outros. Além disso, permanece uma visão conteudista de currículo, depositária mesmo de conhecimentos historicamente acumulados, até porque as condições escolares, a forma de organização prática do currículo, a formação continuada do corpo docente para entenderem a aplicação da transversalidade, a inexperiência do trabalho em grupo, dentre outras dificuldades, não recebem nenhum tratamento mais objetivo nos PCNs, o que aumenta a distância entre o discurso e a concretização da proposta.

Por outro lado, "quais (são) os critérios para que existam disciplinas ligadas ao conhecimento matemático, às ciências naturais, ao estudo da língua, à geografia e à história? Por que o privilégio dessas áreas do conhecimento em detrimento das ciências sociais, da filosofia, da geologia, por exemplo?" (Macedo, 1999:49). Segundo essa autora, falta nos PCNs a explicação sobre a definição de critérios para escolhê-los e, portanto, eles não são critérios científicos, e sim critérios políticos.

A mesma autora considera que o desenho curricular dos PCNs e dos temas transversais "privilegia o conhecimento formalmente estabelecido em detrimento da aplicação social desse mesmo conhecimento, a despeito da ênfase propalada nos temas transversais" (ibid., p. 57). Com isso, conclui, com base nos estudos de Goodson (1993), sobre as disciplinas escolares, que:

> o hiato entre o discurso que justifica os temas transversais nos PCN e a estruturação formal do currículo em disciplinas acadêmicas não se dá por acaso ou pelas dificuldades mesmas da integração disciplinar do currículo. Ele faz parte de um processo de divisão social do conhecimento, no qual a ênfase no conhecimento formalmente organizado funciona como um poderoso instrumento de diferenciação social. Nesse sentido, a inserção dos temas transversais nos PCN não altera a natureza seletiva da escola (Macedo, 1999:57).

Não havendo alteração na natureza seletiva da escola e mantendo-se o conteudismo próprio de uma conjuntura social e educacional marcada por uma fragilização da participação dos sujeitos da educação escolar, e em particular afastados da possibilidade real de realizarem suas próprias escolhas no que se refere ao currículo escolar, além dos outros fatores acima enumerados, concluímos que os temas transversais, além de pôr em foco tal discussão, pouco contribuíram para que a relação pedagógica na sala de aula fosse modificada. Como vimos, a centralidade do processo pedagógico, por menos que se reconheça, se mantém fora da escola ou então, no máximo, dentro dela mas restrita a um pequeno grupo de especialistas em currículo ou de professores que estabelecerão previamente, via projetos, quais temas deverão ser estudados e, por conseguinte, privilegiados. Mantém-se, portanto, uma relação pedagógica clássica, com base numa concepção tradicional de educação e de currículo, que no máximo "concede" aos discentes a possibilidade de opinar sobre os temas escolhidos. E não é esta a concepção de currículo emancipadora que defendemos para a escola pública que temos nem para a escola que queremos.

Não pretendemos fazer aqui um estudo específico sobre as teorias do currículo, que pode ser encontrado em diversas publicações recentes, entre as quais destacamos o livro do professor Tomáz Tadeu da Silva (1998). Mas, quando pensamos ou falamos em currículo, devemos considerar antes que estamos no âmbito das decisões concernentes a quais conhecimentos devem ser ensinados, o que deve ser ensinado e por que ensinar este ou aquele conhecimento. Segundo o citado professor, o currículo é resultado de uma seleção de saberes. Por sua vez, o conhecimento que o constitui deveria referir-se àquilo que somos, à nossa identidade, à nossa subjetividade e por conseguinte explicar por que nos tornamos de um jeito ou de outro enquanto pessoas. Mas não é isso o que acontece, pois as teorias de currículo referem-se sempre à questão do poder que, por sua vez, se fundamentam em teorias educacionais que pretendem obter a hegemonia e garantir o consenso (ibid., pp.15-17), como acontece, por exemplo, com as Teorias Tradicionais do Currículo, que se caracterizam, entre outros aspectos, por se pretender neutras e desinteressadas, por se concentrar em questões técnicas e, entre outras, por enfatizar, segundo o citado professor, o ensino, a aprendizagem, a avaliação, a metodologia, a didática, o planejamento (tecnocrático), a eficiência e os objetivos.

Por outro lado, as teorias críticas e pós-críticas, segundo o mesmo autor, trabalham com outras lógicas para definir o currículo escolar. Para essas teorias, é importante que tentemos sempre identificar as conexões entre saber, identidade e poder pois, dessa forma, poderemos localizar os verdadeiros interesses das classes hegemônicas ao apresentarem suas propostas curriculares. Ainda segundo Tomáz Tadeu da Silva, as teorias críticas enfatizam, no currículo, dimensões tais como a ideologia, a reprodução cultural e social, o capitalismo, as relações sociais de produção e as categorias conscientização, emancipação e libertação, currículo oculto, entre outras, enquanto as teorias pós-críticas de currículo (anos 90 em diante) trabalham com ênfases relacionadas à identidade, alteridade, diferença, subjetividade, saber-poder, representação, cultura, gênero, multiculturalismo, entre outras.

Cada uma das referidas teorias correspondem a diferentes épocas e a contextos históricos, sociais, econômicos e culturais determinados, embora não deixem de manter relações críticas entre si, além de reciprocamente negadoras, contraditórias e algumas vezes complementares.

Evidentemente, "o currículo tem significados que vão muito além daqueles aos quais as teorias tradicionais nos confinaram" e a lógica dos PCNs obedece ainda aos fundamentos das teorias tradicionais acima sintetizados. Segundo Morin (1999:44), esta lógica repousa em três pilares de certeza:

1. A ordem, a regularidade, a constância e sobretudo o determinismo absoluto: o que fica muito evidente em cada uma das área do conhecimento ou das disciplinas presentes nos PCNs.

2. A separabilidade, ou seja, o isolamento conceitual ou experimental do objeto do conhecimento, extraindo-o de seu meio de origem para examiná-lo num meio artificial. As metodologias apresentadas pelos PCNs comprovam esta prática.

3. O valor de prova absoluta fornecida pela indução e pela dedução, e pelos três princípios aristotélicos que estabelecem a unicidade da identidade e a recusa da contradição.

Ainda segundo Morin, defensor do paradigma da complexidade, para quem "a tradição do pensamento que forma o espírito das escolas elementares ordena que se reduza o complexo ao simples, quer dizer, que se separe o que está ligado, que se unifique o que é múltiplo, que se elimine tudo aquilo que traz desordens ou contradições para nosso entendimento" (ibid., p. 11), os três pilares aos quais nos referimos encontram-se, hoje, em estado de desintegração, não porque a desordem substituiu a ordem, mas porque se começou a admitir que lá onde reinava soberana, no mundo físico, existia na realidade um jogo dialógico entre ordem e desordem simultaneamente complementar e antagônico (ibid., 1999:44). Esses pilares da ciência moderna encontram-se, segundo esse autor, abalados, uma vez que a ciência clássica, ao contrário do que sempre propagou, nunca deu conta da realidade e, ainda mais hoje, continua não dando — até porque isso seria impossível.

Para superar esse limite, a ciência moderna deixa de lado tudo o que é "complexo". Por outro lado, a partir do século XIX e, principalmente, no decorrer do século XX, ela cria disciplinas, ou seja, categorias que "organizam o conhecimento científico e que instituem nesse conhecimento a divisão e a especialização do trabalho respondendo à diversidade de domínios que as ciências modernas recobrem" (Morin, 1999:27). Dessa forma, de maneira simplificada, as ciências modernas isolam experimentalmente o que pode ser explicado, levando ao que conhecemos hoje como a hiperespecialização do investigador e também ao risco da "coisificação" do objeto estudado. Assim, criam-se fronteiras disciplinares e o isolamento de uma disciplina em relação às outras, já que elas possuem uma linguagem e um universo de conceitos que lhes são próprios (ibid.).

Morin defende, pois, a necessidade da abertura das disciplinas, mas não o fim delas, o que seria impossível. Para ele, as práticas *interdisciplinares*, ou seja, o encontro de diferentes disciplinas para a troca e cooperação entre si, visando a um estudo mais orgânico, não têm surtido o efeito desejado pela pedagogia moderna, pois, nesse processo, com raras exceções, acaba acontecendo um diálogo entre surdos.

Nem mesmo a associação de diferentes disciplinas em torno de um projeto ou de um objeto que lhes é comum — o que caracteriza as práticas *polidisciplinares* sugeridas nos PCNs quando estes se referem à metodologia de projetos (que, lembremos, nem de longe se refere à visão de planejamento que defendemos neste livro) — tem conseguido superar os limites impostos pelos muros disciplinares estabelecidos pelas ciências modernas.

Uma possível superação desse limite, já que não é possível pôr fim às disciplinas, seria, segundo Morin, a combinação de atividades interdisciplinares e polidisciplinares com práticas *transdisciplinares*, estas que geralmente se caracterizam por "esquemas cognitivos que atravessam as disciplinas, às vezes com uma virulência tal que as coloca em transe" (ibid., p. 36). Isso porque, para Morin, foram as "redes complexas de inter, poli e transdisciplinaridade que operaram e que desempenharam um papel fecundo na história das ciências" (ibid.), o que as ciências modernas não reconhecem. Assim, esse autor propõe ainda que, associado a essas redes complexas, devemos "economizar" as disciplinas, ou seja, levar em conta tudo o que lhes é contextual, aí compreendidas as condições culturais e sociais.

Consideradas as observações preliminares sobre as Teorias de Currículo e a breve análise dos PCNs, elencamos, a seguir, algumas observações importantes para melhor compreender a avaliação do processo de ensino e aprendizagem e a proposta dos ciclos na educação, tão presentes nos dias atuais, ao construir o projeto político-pedagógico da escola — que trabalha também na dimensão da *avaliação institucional*, embora neste livro não tratemos especificamente desta avaliação de caráter mais geral, que se refere à instituição escolar como um todo, se pensarmos especificamente no caso de uma escola. Seremos breves para não repetir o que já está registrado em outros trabalhos (Romão, 1998; Padilha, 2000a).

Concepções de avaliação e experiências com Ciclos

Em cada conceito ou concepção de avaliação subjaz uma determinada concepção de educação e, antes disso, uma concepção de homem e de sociedade, como pudemos observar acima quando tratamos das principais características das teorias do currículo. No campo pedagógico, a verificação da aprendizagem constitui um dos mais poderosos instrumentos políticos e ideológicos da dominação, que tem servido sistematicamente para garantir a exclusão do aluno da escola e, por conseguinte, para manter a exclusão social.

O interessante é observamos também que justamente os/as educadores/as é que têm servido, muitas vezes, como a "mão de ferro" do Estado descomprometido com os excluídos, ao reprovarem sistematicamente os alunos das classes oprimidas, em nome de uma prática avaliativa que, segundo pudemos ver quando estudamos as principais características da ciência moderna, considera a existência da neutralidade científica e, portanto, a neutralidade também na adoção de procedimentos didático-pedagógicos. Dessa forma, temos facilitado a defesa dos interesses dominantes, que se colocam acima de todos os demais interesses da sociedade e que cada dia mais atribuem ao mercado a regulação das próprias relações sociais, humanas, culturais, econômicas e também educativas. É contra essa forte tendência liberal e neoliberal que nos colocamos e por isso discutimos uma concepção de avaliação que busque novos caminhos e, portanto, alternativas para a construção de uma educação e de uma sociedade includente e transformadora.

O professor José Eustáquio Romão reflete sobre os aspectos acima referidos, analisando detidamente a presença da ideologia na educação e na avaliação, discutindo-a sob o olhar da ciência e da ideologia nas perspectivas positivista e dialética e fazendo o necessário contraponto entre tais correntes. Além disso, ele promove uma pertinente discussão em que tenta quebrar alguns "mitos" relacionados à avaliação, dentre os quais, quando se considera que a boa escola é aquela que exige muito, que "puxa" pela disciplina, ou que bom professor é aquele que reprova muito ou, ainda, que avaliar é, por um lado, tão complicado, que se torna impossível fazê-lo corretamente ou então, por outro, é tão fácil que qualquer um pode fazê-lo (Romão, 1998:43-51).

No mesmo livro, o referido autor apresenta as características gerais das três marcantes concepções de avaliação, como têm sido modernamente compreendidas, quais sejam, as concepções *classificatória* (que enfatiza a permanência, a estrutura, o estático, o existente e o produto), *diagnóstica* (que enfatiza a mudança, a mutação, a dinâmica, o desejado e o processo) e *dialógica ou cidadã* que "parte da realidade concreta para organizar a reflexão sobre ela e, em seguida, intervir nessa mesma realidade, de modo mais consistente, no sentido da mudança do sentido dos processos em benefício da maioria dos envolvidos" (ibid.) e que enfatiza três funções da avaliação: prognóstica, diagnóstica e classificatória e superando a dicotomia presente nas concepções anteriores.

Com base nesses pressupostos e fundamentos, tanto do currículo como da avaliação dialógica, podemos, para concluir este capítulo, registrar algumas experiências que consideramos bem-sucedidas e que podem ser importantes referenciais para que todos nós, educadores e educadoras, no âmbito de nossas escolas ou no das redes municipais, estaduais ou federal de ensino, possamos pensar de forma socializada e ascendente também em relação ao currículo e à avaliação do processo de ensino e aprendizagem.

Desde a reorganização das escolas de 1º grau do município de São Paulo (hoje escolas de Ensino Fundamental), iniciada, entre outras propostas, em paralelo ao lançamento do Movimento de Reorientação Curricular na Secretaria Municipal de São Paulo (1989), na época em que Paulo Freire esteve à frente da SME paulistana, acompanhamos a proposta democratizadora da avaliação em ciclos, já presente no Estado de São Paulo desde 1983, quando os ciclos foram instituídos nas escolas estaduais de São Paulo através do decreto 21.833/83. Não podemos, no entanto, confundir uma proposta com a outra, pois, a proposta municipal buscava uma reorganização do ensino de 1º grau como um todo, não se limitando às séries iniciais, conforme a proposta da SME estadual.

A proposta dos Ciclos, na PMSP, era definida e defendida a partir de uma

> concepção de educação como "prática social, humanística, científica, crítica e libertadora"; uma concepção de currículo em processo, que necessita da participação de todos os envolvidos no processo educativo; uma concepção de aprendizagem que respeita o desenvolvimento afetivo, social e cognitivo do educando, considerando o agente construtor de seu conhecimento na interação com o outro e com o objeto do conhecimento; uma proposta de gestão democrática em que as decisões devem ser tomadas pela comunidade escolar e a ênfase no trabalho coletivo (SME/SP, 1992a:21-22).

Não pretendemos aqui destacar as outras diferenças entre as duas propostas de ciclo, que não são poucas e que se estenderiam, por exemplo, à própria concepção do que seja programa de formação permanente do magistério, ao projeto da interdisciplinaridade e à reorientação curricular do ensino noturno. O que queremos evidenciar são algumas características mais gerais e pontuais da experiência municipal, que serviram e até hoje servem como referência para outras experiências com ciclos e avaliação emancipatória que têm sido desenvolvidas em todo o Brasil.

Enfatizaremos, assim, as principais características de três experiências marcantes que muito bem exemplificam a concepção do Regime de Ciclos e de Avaliação Dialógica Continuada na perspectiva da Escola Cidadã, ou seja, as experiências dos municípios de São Paulo, Belo Horizonte e Porto Alegre. Faremos, ainda, breve referência à experiência do município de Uberaba (1996), mais recente, mas igualmente importante para a nossa reflexão crítica e comparativa em relação às anteriormente citadas.

A organização da escola em ciclos e a abordagem qualitativa da avaliação no município de São Paulo (1989-1992) apresentavam as seguintes características principais, de acordo com o Caderno intitulado *Regimento em Ação* (SME/SP, 1992a), que citamos quase literalmente, para facilitar a compreensão do leitor e para evitar eventuais distorções que poderiam, eventualmente, descaracterizar a própria experiência registrada:

- A organização em ciclos rompe com a rígida seriação anual, com notas e médias, com um sistema de avaliação classificatório.

- Muda a postura em relação ao processo do conhecimento: um conhecimento significativo; atividades comuns.
- Procura-se tornar a escola mais compatível com o processo de conhecimento do educando, respeitando seu ritmo e suas experiências, os avanços que já realizou e aqueles que está próximo de alcançar.
- Esta concepção foi amadurecendo à medida que foram desenvolvidos trabalhos de formação permanente dos educadores da Rede Municipal, a partir de 1989.
- Mudanças: superar a compartimentação do conhecimento, integrar os professores e alunos de diferentes séries/termos e modalidades, agrupando-os em torno de atividades comuns; realizar trabalho diversificado em sala de aula, envolvendo alunos com diferentes níveis de conhecimento para troca/colaboração.
- Apontou-se para a necessidade de uma organização diferenciada da escola com alterações estruturais e formas de tratamento específicas, no que se refere à organização do conhecimento e avaliação.
- Desenvolvimento de práticas interdisciplinares juntamente com os educandos, debruçando-se sobre o conhecimento, numa perspectiva crítica.
- Compreensão da realidade para nela atuar conscientemente e nela exercer plenamente a cidadania.
- Organização do ciclo (ainda atualmente):

Ciclo Inicial: 1ª, 2ª e 3ª séries do ensino fundamental

Ciclo Intermediário: 4ª, 5ª e 6ª séries do ensino fundamental

Ciclo Final: 7ª e 8ª séries do ensino fundamental

Esta proposta estava fundamentada nas seguintes bases filosóficas e históricas:

- A fonte do conhecimento não está nem só no sujeito que conhece (idealismo racionalista) nem só no objeto de conhecimento (idealismo empirista), e sim numa interação entre sujeito e objeto (interacionismo).
- O conhecimento não deve, portanto, esgotar-se na compreensão, mas deve tender a transformar-se em práxis — ação

intencional, consciente. Para isso é preciso que os conhecimentos construídos na escola pelo educando estejam vinculados ao social.

- Entende-se que o trabalho escolar deve desenvolver-se a partir da realidade e experiência do educando, até para ultrapassá-la.
- A escola deve desenvolver no educando instrumentos de crítica do conhecimento universal acumulado, compreendendo-o não como algo absoluto e acabado, mas como um conhecimento histórico que vai se construindo, sendo ele próprio um sujeito dessa construção.
- O conhecimento é entendido como um fenômeno complexo e integrado, em permanente construção e reconstrução conceitual.
- O conhecimento, entendido como fato histórico e social, não é um processo cumulativo, linear e imutável. O processo do conhecimento é dialético: supõe continuidade e ruptura, abandono e resgate, reelaboração constante do velho em novo.
- A educação escolar, enquanto prática social mediadora, pode ser um instrumento de reprodução mas também de crítica e transformação.

Por outro lado, a base psicológica da experiência do município de São Paulo sustentava-se na psicologia do desenvolvimento e aprendizagem — contribuições de Piaget, Wallon e Vygotsky — e nos estudos de Jean Piaget sobre a função e o desenvolvimento da inteligência (conhecer é sempre assimilação de um dado exterior a um sistema de interpretação). Nesse sentido, os fundamentos psicopedagógicos da referida prática são os seguintes:

- Capacidade de atribuir sentido à realidade de acordo com as estruturas cognitivas que possuímos.
- Conhecer é sempre uma ação, uma atividade que implica estabelecer um recorte na realidade que observamos.
- Sempre que entramos em contato com algo novo, nossa primeira atividade é a de procurar assimilar a novidade com as estruturas ou esquemas mentais que já possuímos, verificando o quanto eles se adaptam ou não ao novo objeto de conhecimento; e em não se adaptando, modificamos esses esquemas, ou seja, os acomodamos para poder assimilar o novo.

- A capacidade de respeitar sentimentos e idéias, até mesmo as "erradas", é importante para a negociação de soluções dos conflitos de opiniões e para oportunizar a aprendizagem significativa.

Para Lev S. Vygotsky, o funcionamento psicológico fundamenta-se nas relações sociais do indivíduo com o meio, mediada por outros indivíduos, num processo histórico. Estas múltiplas experiências afetam o desenvolvimento individual, isto é, o grupo social interfere profundamente no modo de o sujeito ver o real. Dessa forma, mostra-nos o citado documento da SME/PMSP que:

- "ao longo de seu desenvolvimento, o indivíduo internaliza (reconstrução interna/mental de uma operação externa) formas culturais de comportamento, num processo em que atividades externas — funções interpessoais — transformam-se em atividades internas — intrapessoais" (Oliveira, Marta, 1990). Assim a "natureza social" dos indivíduos transforma-se em sua "natureza psicológica".
- A relação do ser humano com o mundo não é uma relação direta, mas mediada pelos sistemas simbólicos. A linguagem é o sistema simbólico de todas as culturas humanas.
- A linguagem é essencial para o pensamento: sistematiza as experiências e orienta ação e pensamento.
- O desenvolvimento humano existe em dois níveis: o nível de desenvolvimento real, isto é, aquele resultante de períodos que já se completaram, e o nível de desenvolvimento proximal, definido pelas funções que ainda não amadureceram, que estão em processo de maturação. Em termos de aprendizagem, aquilo que o educando já tem condições de fazer sem ajuda está na zona de desenvolvimento real e aquilo que só pode fazer com ajuda está na zona de desenvolvimento potencial. A distância entre as duas constitui a zona de desenvolvimento proximal.

Por fim, Henry Wallon também serve de referencial para a citada experiência, no que se diz respeito à sua dedicação ao estudo da psicogênese da pessoa, ou seja, de que forma o ser humano se mobiliza e é mobilizado para se constituir como sujeito social. Nesse sentido, temos que:

- Sua metodologia é dialética: toma os fenômenos e suas representações conceituais, em suas conexões, encadeamentos, movimento, origem e fim.
- Segundo Jesus Palacios Gonzalez (1979:123), "Walon é capaz de situar-se ante o verdadeiro objeto da Psicologia: a pessoa concreta em sua situação concreta".
- O desenvolvimento é um trabalho de integração, um esforço para explicitar as interações dialéticas que integram cada um dos aspectos e momentos da evolução infantil.
- O ser humano é desde o início de sua vida um ser social, preocupado em construir-se a si mesmo, observar-se, explorar seu corpo, verificar os próprios limites físicos antes de entregar-se à tarefa de explorar o mundo externo.

A partir do que estamos aqui retomando e registrando, encontramos nos documentos da experiência de Paulo Freire e de Mário Sérgio Cortella à frente da SME/SP (1989-1992), as seguintes características fundamentais do processo de avaliação na escola, seja no que se refere aos fundamentos dessa prática, seja no que concerne à prática mesma, incluindo-se aí formas de registros e metodologias de avaliação que podem ajudar o/a leitor/a nas suas atividades escolares diárias:

- É importante que alunos e professores discutam e registrem continuamente a qualidade do conhecimento construído para planejar novas ações que os levem a atingir novos patamares, renovando o compromisso mútuo para concretizá-las.
- A avaliação deve referir-se ao processo educativo como um todo.
- É imprescindível que o professor acompanhe os trabalhos realizados pelo educando, não com o objetivo de assinalar os erros, mas sim de tentar compreender as soluções apresentadas por ele, transformando-as em perguntas, ao considerá-las como argumentos válidos e importantes para discussão.
- Esta forma de avaliação exige um professor alerta a todas as manifestações do aluno e um aluno que perceba a avaliação não como castigo ou coerção e sim como elemento importante e necessário do seu processo de aprendizagem.
- Os educadores devem realizar discussões entre si nos grupos de formação, sobre todo o processo de avaliação, como forma de rever ou reafirmar as suas próprias.

- O registro das atividades (tanto do professor como do aluno) é fundamental dentro de uma proposta sócio-construtivista de Educação. É ele que permitirá uma visão diagnóstica do desenvolvimento de seus alunos, tanto no coletivo, como individualmente, trazendo-lhe elementos para definir momentos/atividades de avaliação da classe (além de fomentar a discussão com pais, coordenadores pedagógicos etc.).
- O registro não é neutro, nem objetivo, permitindo uma variedade de interpretações. Este limite do registro pode ser atenuado no confronto de vários registros e várias análises e interpretações, evidenciando elos entre eles, as tendências mais significativas, propiciando uma visão mais rica e abrangente da situação.

Tipos de registro

Do aluno — produções realizadas no cotidiano da vida escolar em todas as áreas do conhecimento: exercícios, trabalhos, pesquisas, relatórios, provas, além de auto-avaliação, em que registrará observações a respeito do seu processo, como "se viu" nas atividades individuais e coletivas, sentimentos, conhecimentos construídos, avanços e dificuldades.

Do grupo-classe — registro realizado conjuntamente por alunos e professores: avaliação das atividades, o conhecimento construído em cada área e o movimento do grupo, incluindo a relação aluno-aluno e aluno-professor, apontando os avanços e dificuldades encontrados, bem como os caminhos para uma nova ação. Este registro possibilitará o levantamento de critérios para a elaboração de instrumentos para avaliação (avanços) e para a reformulação do trabalho do professor (as dificuldades).

Do professor — acompanhamento do processo de cada aluno, do grupo-classe e do seu próprio processo.

Em relação ao aluno — avanços e necessidades em cada área do conhecimento, freqüências, envolvimento na execução de tarefas, produções individuais e em grupo, o que ainda não consegue produzir, hipóteses sobre as possíveis causas e formas de intervenção.

Em relação ao grupo-classe — avanços e necessidades em cada área do conhecimento/conteúdos trabalhados, movimento do grupo, possíveis formas de intervenção.

Em relação ao trabalho do professor — objetivos de sua proposta de trabalho, recursos metodológicos utilizados, seu papel, enquanto mediador do grupo-classe, avanços e necessidades de intervenção/reformulação de sua proposta, na direção de alcançar os objetivos propostos pela escola, em seu projeto pedagógico.

Registro e síntese: atribuição de conceitos

As sínteses referentes ao processo de aprendizagem dos alunos serão traduzidos nos conceitos P (plenamente satisfatório), S (satisfatório) e NS (não satisfatório) ao final de cada semestre e do ano. Não se trata, porém, de atribuir esses conceitos a cada atividade feita pelo aluno, nem a cada etapa de trabalho realizado. Analisar e registrar continuamente as produções dos alunos, fazer fechamento das unidades de trabalho não implica atribuição de conceitos e sim conscientização dos avanços e dificuldades e decisões quanto aos encaminhamentos necessários.

O novo nessa proposta consiste em efetuar o registro numa concepção de avaliação emancipadora, diagnóstica, qualitativa, cumulativa e contínua.

As formas de registro devem ser discutidas e elaboradas pelo coletivo da escola.

O registro pode ser feito em: pastas, cadernos, diários, fichas e outros meios que a escola (e/ou o/a educador/a) decidir, tendo em vista sempre as finalidades a que esse registro se propõe. Caberá ao professor, individualmente em grupo de professores (quando for o caso), definir em que momentos quais registros serão feitos. Todavia é importante observar a periodicidade legal definida no Regimento (sínteses semestrais enviadas à secretaria da U.E.).

Como podemos observar, fizemos questão de elencar acima várias características do Regime de Ciclos e da Avaliação proposta pela Secretaria Municipal de Educação de São Paulo, de acordo com o documento acima citado, que foi produzido e divulgado em junho de 1992, resultado de um processo já de reflexão e ação, desencadeado por Paulo Freire, desde 1989, quando ele assumiu a Secretaria Municipal de Educação/SP. Isso porque esta experiência pode ser considerada pioneira, pelo menos nos termos em que foi apresentada e com suas características específicas de uma proposta progressista e transformadora de educação, razão pela qual continua servindo como referência a outras iniciativas de igual relevância social, como foi o caso, por exemplo, da experiência da "Escola Plural", do município de Belo-Horizonte-MG, e das sucessivas gestões dos governos democráticos do Partido dos Trabalhadores no Município de Porto Alegre — RS.

Chamamos a atenção do/a leitor/a para o fato de que estas experiências serão aqui apresentadas de forma mais sintética, não por terem menor importância mas, de certa maneira, por terem dado continuidade sob alguns aspectos, e inovado e avançado em outros, em relação à proposta da SME/SP acima descrita.

A organização do ciclo de educação básica na Escola Plural de Belo Horizonte — MG (assumindo a escola emergente — a partir de 1995) está sintetizada no documento intitulado *Escola Plural: proposta político-pedagógica* (Brasil, 1994). De acordo com esse documento, que também apresentamos e citamos literalmente, as principais características e eixos norteadores, relacionados à organização dos ciclos, são os seguintes:

- *Intervenção coletiva mais radical*: pretende sintonizar-se com as experiências emergentes na Rede que apontam para um diagnóstico mais global dos problemas e para uma intervenção coletiva mais radical: intervir nas estruturas excludentes do sistema escolar e na cultura que legitima essas estruturas excludentes e seletivas.
- *Sensibilidade com a totalidade da formação humana*: trabalhos interdisciplinares com temas comuns; projetos que articulam arte e alfabetização, matemática e produção de textos, oficinas e práticas que resgatem a história da comunidade, a alegria na escola, a educação sexual, as identidades étnicas, a cultura etc.
- *Escola como tempo de vivência cultural*: a escola abre-se como espaço cultural da comunidade: festas, jogos entre pais, alunos, professores, resgate da história e cultura da comunidade, extensão da educação à comunidade. A totalidade da experiência escolar passa a ser cultural.
- *Escola, experiência de produção coletiva*: a discussão, elaboração e aprovação dos projetos político-pedagógicos das escolas, as oficinas, os grupos de estudo, os horários de pro-

jetos são práticas, entre outras, que vão criando um novo estilo e uma nova cultura de construção coletiva do cotidiano da escola.

- *Virtualidades educativas da materialidade da escola*: aspectos significativos da estrutura e organização da escola: experiências das salas-ambiente, aulas geminadas, módulos geminados, seriação mais flexível, provas interdisciplinares, avaliação processual, novos critérios de enturmação e agrupamento dos alunos, organização por temas interdisciplinares, mecanismos de integração extraturno, flexibilização de horários para entrosamento das séries e professores, projetos de jornada integrada etc.
- *Vivência de cada idade de formação sem interrupção*: as instituições educacionais são repensadas como tempos e espaços de cidadania e dos direitos no presente, para que o tempo de escola permita uma experiência o mais plena possível da infância e da adolescência, sem sacrificar auto-imagens, identidades, ritmos, culturas, linguagens, representações etc., em nome da preparação para a vida adulta.
- *Socialização adequada a cada idade-ciclo de formação*: toda a rede escolar deverá assumir que o tempo de escola deverá ser um tempo de socialização-formação, no convívio entre sujeitos na mesma idade-ciclo de formação-socialização. Rupturas ou interrupções desse processo não são justificáveis por diferenças de raça, classe, gênero, ritmo de aprendizagem etc.

As escolas e seus profissionais passam a redefinir a cultura, estrutura e organização escolar para permitir aos setores populares (os mais reprovados na velha lógica excludente) uma vivência de cada idade-ciclo de formação sem interrupção.

O veio vertebrador da organização do tempo de Educação Básica será o educando e seus ciclos ou idades mais homogêneas de formação. A partir desse eixo, compreendemos como mais adequada, do ponto de vista do desenvolvimento formativo dos alunos, a organização do atual período de Educação Básica (1º grau) em 3 (três) Ciclos de Formação:

- Primeiro Ciclo Básico (período característico da infância): compreenderá os(as) alunos(as) que estiverem na faixa de idade 6-7, 7-8, 8-9.

- Segundo Ciclo Básico (período característico de pré-adolescência): compreenderá os(as) alunos(as) que estiverem na faixa de idade 9-10, 10-11, 11-12.
- Terceiro Ciclo Básico (período característico da adolescência): compreenderá os(as) alunos(as) que estiverem na faixa de idade 12-13, 13-14, 14-15.

A organização que propomos — três ciclos homogêneos de três anos cada — parece-nos a mais adequada à nossa realidade sociocultural, na qual predominam diversidades e ritmos tão diferenciados.

Dentro de cada ciclo de formação deve-se respeitar a organização dos grupos (turmas), por idade, supondo que o aluno estará junto com os seus pares de idade, facilitando as trocas socializantes e a construção de auto-imagens e identidades mais equilibradas. Permanecendo no mesmo grupo de idade, terá maiores oportunidades para sua formação-socialização equilibrada.

Como fizemos em relação à experiência do município de São Paulo, registramos também, a seguir, os fundamentos e fontes da proposta da Escola Plural. São os seguintes:

- Considera os Projetos de Trabalho uma nova proposta de renovação pedagógica.
- Intervenção globalizante em três versões diferentes:

1. Globalização como somatório de disciplinas (definição de um tema, a partir do interesse da turma ou do programa oficial, que será trabalhado por todas as disciplinas). A globalização acontece pelo acúmulo de matérias que tratam do mesmo tema e não pela interação entre elas.

2. Globalização como um lugar de interação de várias disciplinas: a idéia da interdisciplinaridade está centrada na integração de várias disciplinas afins. Há um avanço em relação à concepção anterior, mas o que se questiona é o fato de se desconsiderar o ponto de vista do aluno, mantendo a concepção de que a apresentação de um tema sob vários pontos de vista, por si só, já garante uma visão relacional do aluno.

3. Globalização como um processo de formação: noção de globalização vista tanto do ponto de vista do conteúdo a ser trabalha-

do como do aluno que irá aprendê-lo. A preocupação centra-se, então, no processo de construção do conhecimento, de forma globalizada, pelo aprendiz, mais do que na forma global de apresentar o conhecimento a ele. Nessa concepção, a aprendizagem não é fruto apenas de uma acumulação de novos conhecimentos aos esquemas de compreensão dos alunos, e sim uma re-estruturação desses esquemas, a partir do estabelecimento de relações entre os conhecimentos que já possuem e os novos, com os quais se defronta. Assim, o que se pretende é que os alunos consigam aprender a aprender e a viver. É nesta terceira perspectiva que se insere a proposta dos projetos de trabalho, que tem como eixo a participação dos alunos em seu processo de aprendizagem, produzindo algo que tenha significado e sentido para eles.

A organização de projetos de trabalho pressupõe três momentos:

1. *Problematização*: é o ponto de partida, o momento detonador do projeto. Os alunos irão expressar suas idéias, crenças, conhecimentos sobre o problema em questão. Os alunos não entram na escola como uma folha em branco, já trazem, em sua bagagem, hipóteses explicativas, concepções sobre o mundo que o cerca. É dessa hipótese que a intervenção pedagógica precisa partir.

2. *Desenvolvimento*: é o momento em que se criam as estratégias para buscar respostas às questões e hipóteses levantadas na problematização. É preciso que os alunos se defrontem com situações que os obriguem a confrontar pontos de vista, rever suas hipóteses, colocar-se novas questões, confrontar-se com novos elementos postos pela Ciência.

3. *Síntese*: em todo o processo, as convicções iniciais vão sendo superadas e outras mais complexas vão sendo construídas. As novas aprendizagens passam a fazer parte dos esquemas de conhecimento dos alunos e vão servir de conhecimento prévio para outras situações de aprendizagem.

Na experiência de Belo Horizonte, o processo de avaliação deve ser contínuo e coletivo, em que alunos e professores são considerados os principais participantes. Além disso:

- A avaliação processual terá a função primordial de diagnóstico do desenvolvimento já alcançado e das lacunas que perdurarem em cada momento, possibilitando rever e replanejar novos processos e abordagens.

- Avalia-se não para classificar, excluir ou sentenciar, aprovar ou reprovar.
- A avaliação tem de incidir sobre aspectos globais do processo, inserindo tanto as questões ligadas ao processo ensino/aprendizagem como as que se referem à intervenção do professor, ao projeto curricular da escola, à organização do trabalho escolar, à função socializadora e cultural, à formação de identidades, dos valores, da ética etc., enfim, seu projeto político-pedagógico.

Para que avaliar? Para identificar os problemas e avanços e redimensionar a ação educativa. Quem avalia? Os profissionais da escola, o grupo de alunos, o conselho escolar, os pais e mães dos alunos, os agentes educativos de apoio. Quando avaliar? A avaliação é contínua e não circunstancial, reveladora de todo o processo e não apenas de seu produto. Dentro desse processo de avaliação formativa, identificam-se três momentos-chave: o inicial (função diagnóstica), o contínuo (acompanhamento do processo) e o final (identificação dos avanços alcançados e aspectos a serem trabalhados em outro momento, constituindo-se, assim, em um momento inicial de uma nova fase do processo).

Instrumentos de avaliação do projeto: 1. Problematização (apresentação de cartazes; discussão sobre a situação comunicativa do texto; registro das contribuições dos alunos; debates; organização do projeto de trabalho com os alunos, a partir das questões levantadas na problematização, ou seja, o que já sabemos? O que gostaríamos de saber?; 2. Desenvolvimento: construir um roteiro para avaliar todas as etapas do projeto (socialização da pesquisa, entrevista, tabulação de dados etc.); 3. Síntese: verificar as situações de diálogo que foram criadas no processo, verificar as opiniões dos participantes, criar diferentes instrumentos para avaliar a conclusão do projeto.

De acordo com o caderno intitulado *Avaliação dos processos formadores dos educadores* (SME/BH:1996):

f.1 — A avaliação, em sua concepção, é contínua (permanente no processo de aprendizagem do aluno, levando seu desenvolvimento através de avanços, dificuldades e possibilidades), dinâmica (utiliza diferentes instrumentos e na reflexão dos seus resultados inclui a participação dos alunos, dos pais e de outros profissionais) e investigativa (visa a levantar e mapear dados para a compreensão do processo de aprendizagem do aluno e oferecer subsídios para os profissionais refletirem sobre a prática pedagógica que realizam.

f.2 — os procedimentos para o trabalho com avaliação devem partir de uma mudança de perspectiva do professor sobre o aluno, provocada por sua intenção e atenção aos processos de desenvolvimento e não apenas aos instrumentos em si que venha utilizar. Assim, são sugeridos os seguintes procedimentos de avaliação:

Observação — conhecer melhor os alunos, analisar seu desempenho nas atividades propostas em sala de aula e compreender seus avanços e dificuldades. Ao mesmo tempo, os alunos poderão tomar consciência dos processos vividos pelo grupo. Enquanto instrumento de avaliação, a observação exige do professor: eleger o objeto de investigação (o quê?), elaborar objetivos claros (para quê?), identificar contextos e momentos específicos (quando e onde?) e estabelecer formas de registro apropriados (como?).

Registro — como função de acompanhar o processo educativo vivido por alunos e professores, uma vez que é através dele que se torna possível realizar uma análise crítica e reflexiva desse processo. É procedimento fundamental que pode utilizar diferentes recursos: caderno de campo do professor, caderno de anotações para cada grupo de alunos, diário do aluno, arquivo de atividades, vídeo/filmadora, gravador e fotografia; formas: relatório de professores e de alunos, esquema e síntese.

Provas — para analisar e refletir junto com os alunos e pais os resultados obtidos, assim como a forma de obtê-los e as alterações necessárias para um melhor desempenho.

A análise dos resultados pode ser feita também em momentos coletivos com grupos de alunos, propiciando discussão e problematização de suas respostas

Debate — além de ser momentos de aprendizagem (troca de experiência), os debates são também um instrumento de avaliação para os professores e alunos, uma vez que, debatendo, o aluno expõe à turma sua forma de compreender os temas em questão.

Auto-avaliação — instrumento que auxilia os alunos a refletirem sobre as ações que realizam, levantando o caminho percorrido para chegar às respostas e resultados, as evidências do que conseguiu aprender e as evidências das dificuldades que ainda enfrenta e, a partir delas, o reconhecimento das superações que precisam ser conquistadas.

Desejamos, ainda, apresentar a experiência da Escola Cidadã do Município de Porto Alegre que, desde 1992, vem sendo registrada sistematicamente e que já tem servido como referência para educadores e educadoras do Brasil e de todo o mundo.

As fontes que pesquisamos, de onde extraímos as informações a seguir registradas, foram Rodrigues & Folchini, 1999:74; SME/Porto Alegre, 1995 e 1995a e Silva, Luiz Heron, 1999.

As principais características do regime de ciclos, adotado em Porto Alegre, mostram que os alunos são agrupados de acordo com as fases do desenvolvimento humano em que se encontram (infância, pré-adolescência e adolescência), com vistas a trabalhar com as características dessas faixas etárias no contexto escolar.

Compreende-se esta organização a partir do seguinte esquema:

I ciclo — 1º ano — 6 anos; 2º ano — 7 anos; 3º ano — 8 anos

II ciclo — 1º ano — 9 anos; 2º ano — 10 anos; 3º ano — 11 anos

III ciclo — 1º ano — 12 anos; 2º ano — 13 anos; 3º ano — 14 anos.

Salientamos que essas idades são referenciais para a enturmação dos educandos, podendo ser flexibilizadas, conforme a necessidade.

Para os educandos em grande defasagem entre a sua faixa etária e escolaridade, constituem-se, em cada um dos ciclos, Turmas de Progressão.

É preciso ter claro que as mudanças em educação, principalmente mudanças profundas de concepção, como as que sustentam a escola por ciclos de formação, não acontecem de forma mecânica. Trata-se de um processo, como se procurou evidenciar, em que cada escola é um sujeito coletivo, que reconstrói/interpreta as questões colocadas a partir de suas experiências/trajetória.

Por sua vez, o currículo da escola por Ciclos de Formação estrutura-se a partir de quatro fontes que se articulam na organização do processo de ensino-aprendizagem e dos seus espaços e tempos (cf.. http://www.portoalegre.rs.gov.br/smed/fontes.htm). Estas fontes são:

1. *Fonte sócio-antropológica*: que traz as representações da realidade, vividas pela comunidade escolar, apontando suas contradições e conflitos.

2. *Fonte epistemológica*: que tem na interdisciplinaridade o princípio articulador entre as áreas do conhecimento que estudarão as representações da realidade e os conceitos inerentes a estas representações.

3. *Fonte sócio-psicopedagógica*: que fundamenta a organização dos três Ciclos de Formação, respeitando os estágios de desenvolvimento do ser humano enquanto ser biológico e social, fornecendo subsídios para a intervenção didático-pedagógica, considerando diferenças e semelhanças.

4. *Fonte filosófica*: que se refere aos conhecimentos que estruturam os princípios da escola comprometida com as classes populares.

O ensino por ciclos é considerado uma alternativa para o sucesso escolar. Nessa perspectiva, o currículo é ação, é trajetória, é caminhada construída coletivamente de forma diferenciada em cada realidade escolar. É um processo dinâmico, mutante, sujeito a inúmeras influências, portanto, aberto e flexível (SME/Porto Alegre, 1995a).

Necessariamente o que se busca com uma nova organização curricular é a inter-relação entre as áreas do conhecimento, e destas com a sociedade mais ampla. Os conselhos escolares têm o papel de atuar como elementos implementadores da participação da comunidade e pensar o todo da escola a partir do processo de planejamento participativo e cooperativo.

Por outro lado, os Ciclos de Formação são organizados por Complexos. O termo "complexo" sugere, semanticamente, tratar-se de uma designação proposta para "assuntos ou relação profundos" que levam à criação, à produção, ao desenvolvimento (...) Provoca a percepção e a compreensão da realidade, explicita a visão de mundo em que se encontram todos os envolvidos em torno de um objeto de estudo e evidencia as relações existentes entre o fazer e o pensar, o agir e o refletir, a teoria e a prática. O complexo pressupõe, também, uma visão de totalidade da abrangência dessa totalidade, através do olhar particular de fragmentário. De acordo com os documentos que encontramos, que, conforme já citamos, sistematizam em detalhes a experiência de Porto Alegre, as etapas da organização por Complexos nos Ciclos de Formação são:

1ª) Investigação do interesse do coletivo em cada ciclo; 2ª) Definição dos complexos no coletivo do ciclo; 3ª) Formulação de princípios por área de conhecimento; 4ª) Elaboração do plano de trabalho da área de conhecimento e de cada ciclo; 5ª) Compatibilização e re-elaboração no coletivo do ciclo; 6ª) Definição coletiva das linhas de ação; 7ª) O coletivo da escola busca ou insere parceiros no processo; 8ª) Problematização da realidade" (ibid., p. 21).

A avaliação do processo de ensino e aprendizagem em Porto Alegre, de acordo com as referências já citadas, pode ser Formativa, Sumativa ou Especializada. A avaliação Formativa é destinada a informar a situação em que se encontra o educando no que se refère ao desenvolvimento da sua aprendizagem e no alcance dos objetivos programados para o trimestre. Vai sendo registrada no Dossiê do aluno (através de anotações sobre suas produções) e do Relatório de Desempenho. Assim, a avaliação formativa do educando é um processo permanente de reflexão e ação, entendido como constante diagnóstico. Dinâmica: auto-avaliação do aluno, do grupo, da turma e dos educadores; conselho de classe participativo; análise do dossiê pela família, elaboração de um relatório descritivo de avaliação individual do aluno, realizada pelos professores.

Já a avaliação Sumativa representa um quadro diagnóstico geral, resultante no final de cada ano letivo e de cada Ciclo de Formação. Traz em si um juízo globalizante sobre o desenvolvimento da aprendizagem do educando, seus avanços e dificuldades, apontando o modo de progressão do educando.

Por último, a avaliação Especializada é aquela destinada aos/às educandos/as que exigem uma atenção mais demorada, ampla e profunda do que normalmente seria exigido. Pode ser realizada sempre que necessário ou será indicada, quando for o caso, na progressão de um ciclo para o outro.

A experiência de Porto Alegre — RS apresenta também as Turmas de Progressão, que se constituem em mais uma estratégia para proporcionar ao aluno nova oportunidade de aprendizagem, sobretudo aos que tiveram negado o seu acesso ao conhecimento, seja por motivo de exclusão, seja em virtude de suas multi-repetências. Observe-se que a Turma de Progressão "representa a concreta possibilidade da mudança da lógica da organização curricular seriada, na medida em que se propõe a atender ao ritmo próprio da aprendizagem destes alunos que estão em defasagem entre a faixa etária e a escolaridade, independente do ano letivo" (ibid.).

O município de Uberaba — MG, que desde o ano de 1993 vem construindo a Escola Cidadã na rede municipal de ensino, vivencia também, a partir de 1996, o processo de implementação do Regime de Ciclos ou de Progressão Continuada, com base na experiência do município de São Paulo e na perspectiva sociocultural.

Nesse sentido, é também pertinente e ilustrativo o registro dessa experiência, que apresenta certamente características muito peculiares de acordo com o seu contexto específico, como acontece com Porto Alegre, Belo Horizonte e com outros registros que poderíamos fazer.

Diferentemente da experiência de Porto Alegre, Uberaba, ao redimensionar os programas e currículos escolares, em todos os níveis de ensino, o faz levando em conta os PCNs e considera a implementação de atividades de enriquecimento curricular, permitindo aos alunos o acesso aos bens culturais. (cf. Prais & Silva, 1999). Há, nesse caso, uma tentativa de aproximação da proposta curricular do MEC com a dimensão curricular na perspectiva da Escola Cidadã, com resultados concretos que, segundo entendemos, ainda deverão ser objeto de avaliação mais rigorosa.

Para o município de Uberaba, o currículo da Escola Cidadã adquire nova dimensão: para além do discurso específico de cada disciplina, é a construção humana no seu todo que está em causa (p. 17).

Nessa perspectiva curricular, a pedagogia dos projetos revela-se como estratégia privilegiada de desenvolvimento da prática educativa em sala de aula e é resultado de situações reais vividas pelos alunos, não elimina a especificidade de cada disciplina, mas promove o diálogo, a interdisciplinaridade através da seleção de conteúdos significativos para a compreensão da realidade (ibid.). Esses projetos devem envolver todas as áreas ou algumas delas e as questões que eles não contemplam, que os educadores avaliam como necessárias, deverão ser trabalhadas em módulos de aprendizagem.

Esse currículo pauta-se em algumas competências educativas que deverão orientar a organização da prática pedagógica: habilidade no uso da língua oral e escrita, de aplicar o conhecimento, aquisição de diferentes linguagens, capacidade de aprender a aprender, habilidade de ser e conviver.

Nessa experiência, as características do processo de avaliação, conforme localizamos nos documentos pesquisados (pp. 19-25); (SME, Uberaba, 2000), é entendido como um processo de permanente acompanhamento do desenvolvimento global do aluno. Ela deve ser contínua, participativa e diversificada.

O tempo escolar tem por base uma nova lógica de organização, que se fundamenta em argumentos políticos e técnicos:

Argumento político — fundamenta-se numa opção ética, porque se vincula ao direito à educação (acesso, permanência e sucesso escolar).

Argumento técnico — compreensão da complexidade do processo ensino-aprendizagem, da amplitude, do dever de educar e, ainda, do caráter construtivo e indeterminável da relação aprendizagem e desenvolvimento.

Esses argumentos fundamentam-se nos estudos desenvolvidos por Vygotsky (zona de desenvolvimento proximal), já citados anteriormente, e nos de Paulo Freire (construção amorosa da cidadania).

Os ciclos em Uberaba são organizados em três ciclos: o 1º Ciclo — infância — 6, 7 e 8 anos; o 2º Ciclo — pré-adolescência — 9, 10 e 11 anos, e o 3º Ciclo — adolescência — 12, 13 e 14 anos. Com isso, o Conselho de Classe passa a ter um novo significado no processo avaliativo escolar, funcionando enquanto organização participativa e não funcionalista, entendendo a avaliação escolar de acordo com o seu conceito ampliado a partir da perspectiva da escola cidadã, que é construída com base na interação e no diálogo entre os sujeitos e o processo do conhecimento escolar.

Os Conselhos de Classe assumem fundamental importância nesse processo, pois "resgatam o seu papel de dinamizador do projeto pedagógico da escola, sendo o espaço privilegiado de produção de conhecimento da escola e sobre a escola".

O Conselho de Classe (institucionalizado em Uberaba através da Instrução 01/1998 da SDE de 10/10/1998 — item VI) deve incluir e ampliar, cada vez mais, a participação dos diferentes segmentos escolares. Por isso, a escola pode ter, em sua organização, um ou mais CCs, de acordo com a sua estrutura, organização e funcionamento.

Com base nas avaliações realizadas, o Conselho de Classe, a partir da Portaria Interna 13/1999 da SMEd, de19/9/1999 — art. 4º — parágrafo único; Artigo 5º — Parágrafo 1º, deverá recomendar as alternativas curriculares e as possíveis intervenções metodológicas que melhor se adequarem às características de cada aluno.

As atribuições dos CCs estão, em Uberaba, previstas no Regimento Escolar Único da SMEd — Seção I, Capítulo I do Título IV (arts. 29 a 33) que deverá funcionar assegurado pela direção da escola.

Assim, de acordo com o artigo 31 do citado documento, o Conselho de Classe, como instrumento de avaliação diagnóstica e processual, tanto no aspecto quantitativo quanto qualitativo, deverá ocorrer de maneira sistemática e contínua, quatro vezes ao ano, registrado no calendário escolar. Ele é a instância integradora que deve pensar o seu papel diante de uma nova lógica, em que estejam presentes as atuais formas de organização de trabalho da escola, estimulando o repensar de uma nova relação que deve ser estabelecida entre os profissionais e o seu conteúdo de trabalho. Isso só se faz numa ação participativa, fundamentada no diálogo com o outro, seja do aluno, professor, comunidade escolar ou sociedade (SME, Uberaba, 2000:14).

Consideramos que as características gerais das experiências que relatamos servem apenas como indicadores iniciais, dentre outros que poderíamos citar, para que possamos aprofundar nosso estudo e nossa crítica sobre o tema dos ciclos e da avaliação do processo de ensino e aprendizagem e da formação para o desenvolvimento humano (LIMA, 2000a) principalmente, a respeito da forma e da metodologia como estas experiências têm sido implementadas (testadas), implantadas (adotadas após testagem) ou plantadas (construídas processualmente) em cada município.

Consideramos a proposta ou o regime dos ciclos de formação o resultado de uma conquista histórica, que vem contribuir para uma educação de qualidade, como veremos a seguir e, em conseqüência, para o fim da exclusão social via reprovação ou evasão escolar. Mas o fim da exclusão não se dará se a adoção dessa proposta acontecer de forma autoritária, geralmente via decreto, sem a criação das condições favoráveis para que professores e professoras, pais e mães, alunas e alunos e demais segmentos escolares sejam formados para compreender, de forma crítica e participativa, o significado dos ciclos, os seus fundamentos, as suas vantagens e possíveis desvantagens. E sobretudo que haja a possibilidade da opção pelo regime dos ciclos por parte das escolas e respectivas comunidades escolares, garantindo assim a escolha democrática e a necessária autonomia das unidades escolares para enfrentar esse desafio, para vivenciá-lo. Sem esse processo de educação continuada, sem este "aprender fazendo", sem este "aprender a pensar", principalmente da parte dos educadores — e sem a necessária reorganização do tempo escolar (ibid.) por parte das redes de ensino, das instituições escolares e das pessoas envolvidas direta ou indiretamente nesse processo de mudança, corre-se o risco de banalizar essa proposta e transformá-la, na prática, em promoção automática. E isso significa inviabilizar e estragar essa boa iniciativa no processo de escolarização.

Currículo, avaliação e Escola Cidadã

A partir do que vimos desenvolvendo e das informações coletadas sobre as diferentes experiências relacionadas ao regime de Ciclos e com a avaliação emancipadora, que tentamos aqui registrar e sintetizar neste capítulo, apresentamos algumas conclusões.

Nosso objetivo é traçar desde já algumas linhas básicas que nos ajudarão a delimitar melhor a concepção de Ciclos e de avaliação dialógica continuada na perspectiva da Escola Cidadã e de transversalidade cidadã, à qual nos referimos anteriormente.

Podemos desde já afirmar, mais uma vez, que não é possível, como se pensou nos primeiros momentos em que se ouvia falar em progressão continuada, considerar a avaliação do processo ensino e aprendizagem (e não ensino-aprendizagem, com hífen) de forma isolada da questão curricular, pois ambas estão conectadas, interligadas como uma rede de conexão em que a alteração de um elemento ou de um dos nós desta rede provoca instantaneamente alteração em todo o processo.

A Escola Cidadã, essa escola viva, ativa, criativa e participativa, que defende, como princípios básicos, a universalização do atendimento escolar, a melhoria da qualidade de ensino — qualidade esta entendida como formação para a cidadania ativa e para o exercício pleno pelos cidadãos e pelas cidadãs de seus direitos e deveres, a democratização da gestão escolar como mecanismo da conquista da autonomia, tem adotado também como pressuposto fundamental uma visão ampliada de currículo, que considera a escola como espaço sociocultural que, portanto, promove permanentes trocas interculturais. Podemos afirmar que essas características, entre outras, fazem com que o movimento da Escola Cidadã, que ganha força e maior notabilidade no final do Século XX, possa ser comparado, em termos de sua importância, ao movimento da Escola Nova, que se consolidou no final do Século XIX, início do Século XX.

O Regime de Ciclos visa ao respeito do ritmo e do tempo dos alunos e das alunas, e fundamenta-se numa visão sócio-histórica de conhecimento. Ao mesmo tempo, a Escola Cidadã não fica limitada a esquemas rígidos de avaliação, porque defende a todo o momento a dialogicidade. Nem por isso deixa de avaliar responsavelmente o avanço e o sucesso dos/as discentes. Mas não só destes ou destas. A Escola Cidadã, ao procurar resgatar o verdadeiro sentido de escola pública, considera que a avaliação é inerente não apenas aos alunos e alunas, mas a todos aqueles e aquelas que, direta ou indiretamente, participam do processo educativo.

Na direção do que acima afirmamos, o projeto político-pedagógico, construído coletivamente com base nos fundamentos da gestão democrática da escola e na visão do planejamento socializado ascendente, deverá definir os princípios e diretrizes gerais do *planejamento dialógico* que norteará a construção do currículo da escola, a sua divisão em ciclos, e nesse sentido as características do regime de avaliação dialógica conforme acima pudemos elencar.

Chamamos a atenção do leitor que preferimos nos referir a "avaliação dialógica continuada" em vez de "progressão continuada", para evitar dar à avaliação o caráter de progresso presente na própria LDB, progresso este que nos lembra, ainda, os ideais positivistas consignados em nossa bandeira através do lema "ordem e progresso". Preferimos falar em diálogo, em dialogicidade, em avaliação coletiva, permanente, contínua, processual. Avaliação que enfatize o sucesso do aluno e da aluna e da instituição como um todo, visando ao fim da exclusão social pela avaliação, através da qual o professor acaba sendo utilizado como "braço de ferro" de regimes autoritários, nos quais a escola mais serve para reproduzir conhecimentos e para efetivamente garantir o *status quo*.

Portanto nossa opção pelo Regime de Ciclos e pela Avaliação dialógica continuada tem por base a inovação e a mudança, que parte das experiências acumuladas pela escola, pelo que nela está instituído, para instituir outra coisa, ou seja, uma instituição escolar libertadora das amarras de um sistema reprovador, uma escola que se assuma como *locus* educativo privilegiado, que valorize a identidade de seus educandos, que trabalhe inter, multi, poli e transdisciplinarmente, combinando todos esses elementos e possibilidades e não se fechando em modelos ou em padrões previamente definidos por "especialistas" muitas vezes alheios aos interesses de uma verdadeira educação democrática e emancipadora.

A Escola Cidadã que queremos pretende descobrir novos vínculos, desvelar múltiplas relações e estabelecer diferentes caminhos de articulação entre, por exemplo, pessoas-grupos-instituições-pessoas, ações-reflexões-ações, conhecimentos acumulados-experiências vivenciadas, escolas-demais níveis escolares e educacionais, localizando nas experiências que vamos analisando os elementos que apontam para o estabelecimento da participação democrática na escola, não só como assunção ao poder, mas participação também como relação intercultural. Assim, criaremos condições para evitar a "cristalização de determinados percursos ao longo da rede" (Machado, 1995:141), o que tem sido obstáculo sempre presente em relação à troca de experiências e ao reconhecimento da validade e da relevância do tipo de participação e das relações culturais que os diversos segmentos escolares já têm experimentado ao longo do tempo nas escolas públicas neste País.

O currículo da Escola Cidadã, dividido em ciclos (preferencialmente três ciclos no ensino fundamental, conforme nos indicam as experiências de Porto Alegre e Belo Horizonte, entre outras), privilegia "o ouvir e a conversa com o diferente", a "curiosidade", a "alegria na escola", a "esperança", a "não-discriminação", a "ética", a relação entre a "identidade cultural" e o "itinerário educativo" dos sujeitos da educação, a "integração escola-comunidade" e a criação de vínculos entre essas dimensões da cultura.

A base filosófica para essa ação estará consignada no marco referencial do projeto político-pedagógico da escola. Por conseguinte, o estudo do meio, a leitura etnográfica da realidade escolar, a definição dos "temas geradores", dos "contextos geradores" ou dos "complexos temáticos" já estarão semeados no próprio projeto e serão objeto de aprofundamento de estudos junto ao conjunto da comunidade. A avaliação dialógica continuada, entendida como um processo de permanente acompanhamento do desenvolvimento global do aluno, estará combinada com a construção de conhecimentos na perspectiva da divisão por ciclos e estará favorecendo as diferentes competências, habilidades e atitudes requeridas pelo mundo contemporâneo, entre as quais destacam-se a capacidade de aprender a aprender, a ser, a pensar e a conviver. Trata-se de uma nova visão ética da educação, da compreensão da complexidade do processo de ensino e aprendizagem e da valorização dos alunos, das alunas, de professoras, de professores e de todos aqueles que lutam por uma educação contra a injustiça e contra a exclusão, tão reforçadas pelo ideário neoliberal de educação, contra o qual nos lançamos e ao qual apresentamos alternativas.

Retomando o que já consignamos coletivamente (Equipe Técnica do IPF, 1998), para a concepção freireana "qualquer parâmetro curricular só tem sentido no sentido exato da expressão, porque os componentes curriculares não podem ser dados, mas construídos a partir de referenciais das identidades locais e sociais e de marcos referenciais das conquistas de toda a humanidade" (p. 22).

O currículo que adotamos deve, pois, ser entendido como "instrumento básico de que a escola dispõe para organizar sua ação transformadora, extrapolando a grade curricular, englobando todas as ações e relações de fora para dentro e de dentro para fora da escola, como uma grande construção (coletiva) em processo" (p. 22). É por isso que nossa concepção de currículo e de avaliação está intrinsecamente associada à construção coletiva, socializada, participativa, ativa, ascendente e democrática do projeto político-pedagógico da escola, que nasce na sala de aula, ou melhor, no "círculo de cultura", espaço privilegiado de planejamento, como veremos na conclusão deste livro. É por isso que esse currículo nasce de um trabalho permanentemente coletivo, da "leitura do mundo", dos "temas geradores" e dos "complexos temáticos", na sua problematização coletiva, na seleção de um campo conceitual por áreas do conhecimento, integradas e associadas às demais áreas na busca dos princípios e da concepção de cada área.

Não existem receitas para a construção desse currículo e dessa avaliação processual e permanente, porque eles variam de acordo com a experiência e com o ritmo de cada escola, de cada comunidade escolar, conforme as condições concretas de sua existência. Mas já existem algumas experiências, como as aqui apresentadas, que podem servir de referência para novas iniciativas e, mesmo, nos mostrar como elas foram sendo construídas em determinadas localidades.

Conclusão

O CÍRCULO DE CULTURA COMO ESPAÇO PRIVILEGIADO DO PLANEJAMENTO DIALÓGICO

Ao concluirmos este trabalho, que certamente merecerá de nossa parte e da parte do nosso leitor e da nossa leitora a necessária revisão crítica e aprofundamento, resta-nos ainda um breve comentário sobre a sala de aula, ou melhor, sobre o "Círculo de Cultura" como espaço do planejamento dialógico, no qual tem início a construção coletiva e democrática do projeto político-pedagógico da escola.

Ao se referir à mitologia da aula, o professor Pedro Demo (1997) analisa brevemente, e de forma bastante curiosa, a aula. Segundo ele "a *aula* é, nessa terra atrasada, *a alma do professor*. Tudo na maior banalização. Qualquer um que dê aula, qualquer aula, já é professor, também o instrutor de motorista, a madame que imagina ensinar boas maneiras ou culinária, o moço que dá aula particular. Qualquer exposição diante de um público obrigado a escutar é aula, assim como qualquer conversa fiada de alguém que se diz professor é aula" (Demo, 1997:87-88).

Destacando a indignação do autor e discordando dele quanto ao "essa terra atrasada", o texto acima é muito pertinente para que possamos refletir sobre o que tem sido a nossa aula e sobre como temos atuado em sala de aula. Estaremos nós contribuindo para imbecilizar os nossos alunos, promovendo apenas a cópia, não só das nossas anotações na lousa, mas principalmente dos livros e do conhecimento historicamente acumulado? Como tem sido a nossa ação didática? Reprodutora ou reconstrutiva? Estaríamos, com nossas aulas, abrindo horizontes para os nossos alunos e para nós mesmos ou sedimentando práticas castradoras, transformando a nossa sala de aula em "jaula", em prisão, em sala de privação, de práticas desconectadas totalmente de quaisquer avanços da tecnologia presente no mundo atual, resistente à menor ousadia pedagógica do professor da sala de aula ao lado ou das tentativas de mudanças propostas seja por um/a colega professor/a, pelo coordenador pedagógico, pelo diretor da escola, pelo secretário de educação, pelo prefeito ou pelo governador etc.? Continuamos apenas "dando aulas" ou estamos experimentando e buscando, na experiência acumulada e na nossa própria ousadia, alternativas para o nosso trabalho didático-pedagógico, aproveitando o cotidiano com os/as discentes para discutir os problemas da escola, para conhecer as pessoas com quem lidamos e para aprender com a diversidade e com a riqueza cultural dos alunos, dos professores e de todos/as aqueles/as que participam direta ou indiretamente da escola?

Estamos abertos às dúvidas dos alunos, sabendo incentivar a pesquisa e procurando, apesar de todas as dificuldades citadas por Demo, superar e lutar concretamente para mudar as condições que temos? Enfim, estamos fechados às mudanças, estamos fechados em nós mesmos, ou temos conseguido nos integrar a outros colegas para melhorar o nosso trabalho pedagógico, realizando-o democraticamente na instituição escolar e junto dos alunos, tendo como referência um projeto político-pedagógico da escola em permanente construção, ou continuamos voltados para o nosso próprio umbigo e realizando, sozinhos, o nosso plano de trabalho, o nosso plano de curso que, muitas vezes, mantemos escondidos para que não sejamos questionados? Temos sido críticos e abertos, críticos sectários, ou simplesmente temos nos alienado às condições que nos são dadas e oferecidas? Temos ficado reclamando pelos cantos, angustiados diante da ideologia e da proposta neoliberal para a educação e para a sociedade ou temos buscado alternativas sérias para ela, explicitado as nossas tentativas, as nossas posições e as nossas sugestões de mudanças, mesmo que às vezes as consideremos provisórias e inacabadas? Temos definido as normas ou temos sabido discutir com os alunos e com as alunas a razão da existência de algumas regras e do estabelecimento de alguns limites? Temos escrito a história coletivamente, ou temos copiado, dia após dia, o que já foi copiado e reproduzido exaustivamente? Temos sido sujeitos da nossa história ou simplesmente nos curvado ao pretenso destino?

Enfim, temos sido os mesmos de sempre, resistido às mudanças, ou temos nos colocado à frente do nosso próprio tempo e ao lado dos nossos alunos? E assim, estamos sendo felizes e criando possibilidade para que a felicidade prospere na escola, ao lado da utopia e da esperança ou, ao contrário, temos feito de nossa rotina uma tarefa penosa que apenas enfatiza a dimensão crísica conjuntural e estrutural em que vivemos? Temos sabido valorizar as nossas experiências e publicizar os nossos avanços, ou continuamos mal-humorados e pessimistas, apenas criticando o trabalho alheio e dando centralidade a ele e não aos nossos erros e acertos? Será que não podemos aprender mais com a nossa própria experiência? O que está faltando para que isso aconteça? Já nos perguntamos sobre isso?

Convidamos os leitores a ampliar essa lista de questões e a tentar responder ao menos a algumas delas, antes de iniciar a próxima aula, seja como educadores, seja como educandos.

O professor Pedro Demo aponta a pesquisa científica permanente como uma possibilidade para superarmos os limites da referida aula. Mas mostra que uma aula expositiva também é pertinente em alguns casos, como quando fazemos a apresentação de um fato inédito, quando comunicamos o resultado de uma pesquisa ou quando informamos os nossos alunos sobre algum novo assunto, principalmente no início do trabalho, quando estaremos provocando e refletindo com os docentes, sobre as possibilidades do estudo a ser realizado. O que não se admite é a cópia da cópia da cópia da cópia.

É importante que tentemos superar a crença de que o professor é aquele que não chegou lá, ou de que a escola é feita apenas para que o aluno aprenda e para que o professor ensine, pois "o trunfo crucial de teorias educacionais modernas está no reconhecimento de que a educação, como processo emancipatório, nutre-se do relacionamento de sujeitos, essencialmente construtivo. Educação é obra coletiva, onde não cabe paciente, ouvinte, espectador. É intrinsecamente aprender a aprender, saber pensar, para melhor intervir" (ibid., p. 89). E, ao concluir, o autor associa a aula a fazer guerra com estilingue, ou seja, ao procedimento menos indicado para que possamos enfrentar o desafio da construção de uma sociedade cidadã, de uma cidadania planetária e de uma relação pedagógica reconstrutiva, conforme podemos inferir. Ou seja, quando convivemos com nossos alunos e com nossas alunas, na sala de aula, na escola, dentro e fora delas cabe, na relação pedagógica que é estabelecida, muito mais do que uma simples aula, mas uma atividade criadora, de trocas culturais e interculturais. Por isso preferimos chamar sala de aula de "Círculo de Cultura".

Estamos retomando o termo criado por Paulo Freire no final da década de 1950, quando ele coordenou, no MCP — Movimento de Cultura Popular do Recife, os chamados "Círculos de Cultura". Segundo o próprio Freire, estes círculos "eram espaços em que dialogicamente se ensinava e se aprendia. Em que se conhecia em lugar de se fazer transferência de conhecimento. Em que se produzia conhecimento em lugar da justaposição ou da superposição de conhecimentos feitas pelo educador a ou sobre o educando. Em que se construíam novas hipóteses de leitura do mundo" (Freire, 1994:155).

Ao propormos a retomada do termo "Círculo de Cultura", estamos sugerindo que se possa ampliar o espaço da sala de aula, diversificar e enriquecer as atividades e as relações pedagógicas na escola, significando-as e trabalhando-as com base na participação dos alunos nos diferentes tempos e espaços didático-pedagógicos. Assim, estaremos simultânea e permanentemente construindo o projeto político-pedagógico da unidade escolar, incentivando a realização de encontros de trabalho a partir desses círculos.

Acreditamos na necessidade de incentivar a pesquisa científica na escola, mas associando razão e emoção, criatividade e sensibilidade, politicidade e crítica construtiva, ampliando os espaços para as vivências e convivências em grupo, em coletividade; criando espaços para trocas culturais, interculturais e para a participação dos alunos na definição do currículo e da avaliação do processo de ensino. Isso contribuirá para a superação, na escola, da prática que mantém não só o conhecimento, mas também as pessoas divididas, separadas, fragmentadas, enfileiradas e isoladas em si mesmas. Desejamos construir a escola que acabe com os atuais índices de reprovação dos nossos alunos e das nossas alunas e trabalhar com a possibilidade do pleno desenvolvimento humano dos/as nossos/as estudantes.

Para alcançarmos esses objetivos, é necessário um conjunto amplo de ações coletivas, devidamente articuladas ao planejamento dialógico que aqui defendemos, superando o "fazer de qualquer jeito", o "funcionar sem projeto" e principalmente a mentalidade que resiste a toda e qualquer mudança simplesmente porque é aparentemente mais cômodo continuar tudo como está. O que queremos é acabar com a exclusão de milhões de crianças, de jovens e de adultos das escolas, e uma alternativa para essa superação é trabalharmos juntos para que, aos poucos, consigamos ir plantando, por exemplo, a possibilidade do regime de ciclos e a avaliação dialógica continuada (Padilha, 2000a) que, se não resolvem todos os problemas da escola ou da educação, qualifica a formação do/a cidadão de forma muito diferente daquela idéia equivocada de que, por exemplo, quando adotamos o regime de ciclos na escola, a aprovação é automática e a avaliação não é mais realizada.

Considerar a sala de aula como "Círculo de Cultura" é torná-la espaço privilegiado para a realização do planejamento dialógico e para a construção e reconstrução do projeto político-pedagógico da escola, para que o que acontece na instituição escolar, em nível local, esteja, de fato, influenciando, orientando e definindo as políticas públicas educacionais. Trata-se, pois, de uma escola em que todos podem pesquisar, pensar, praticar, refletir, sentir, deliberar, ser, plantar, agir, cultivar, avaliar sobre o que fizeram e recomeçar novamente este ciclo, discutindo e debatendo sobre as possibilidade de superarmos, juntos, as dificuldades e os problemas surgidos na escola e na educação, no seu sentido mais amplo.

Convidamos os leitores a refletir sobre as questões que apresentamos acima e sobre as imposições de uma cultura escolar que não corresponde à luta pela emancipação e pelo desenvolvimento humano que todos ou quase todos queremos. E que possamos também escrever e reescrever as nossas próprias histórias cotidianamente para que, juntos, estejamos refletindo sobre elas e trazendo para o espaço escolar a percepção do tempo como história social, para não cometermos os erros do passado e para pensarmos no futuro perpassado por uma transversalidade cidadã que lê o mundo, que considera a transversalidade da própria relação pedagógica, dentro e fora do Círculo de Cultura e da escola, reconhecendo e descobrindo, com os nossos alunos, a pluralidade, a transdisciplinaridade e as múltiplas dimensões e pilares do conhecimento e do desenvolvimento humano.

É no espaço do Círculo de Cultura e a partir dele que poderemos exercitar o planejamento dialógico e construir o projeto político-pedagógico na perspectiva da Escola Cidadã, visando a uma sociedade também cidadã e a uma vida mais feliz para todas as pessoas humanas.

BIBLIOGRAFIA

APPLE, Michael W. *Conhecimento oficial: a educação democrática numa era conservadora.* Tradução: Maria Isabel Edelweiss Bujes. Petrópolis, Vozes, 1977.

______ & BEANE, James (orgs.). *Escolas democráticas.* Tradução: Dinah de Abreu Azevedo. São Paulo, Cortez, 1997a.

ARANHA, Maria Lúcia de Arruda & MARTINS, Maria Helena Pires. *Filosofando — Introdução à Filosofia*, 2. ed. São Paulo, Moderna, 1993.

ARAÚJO, Ulisses Ferreira da. Apresentação à edição brasileira. In: BUSQUETS, Maria Dolors et al. *Temas transversais em educação.* 2 ed. São Paulo, Ática, 1998.

ARROYO, Miguel G. Experiências de inovação educativa: o currículo na prática da escola. In: MOREIRA, Antônio Flávio Barbosa (org.). *Currículo: políticas e práticas.* Campinas, Papirus, 1999, pp. 131-164.

ASSMANN, Hugo. *Reencantar a educação*: rumo à sociedade aprendente. 2. ed. Petrópolis, Vozes, 1998.

AZANHA, José Mário. *Uma idéia de Pesquisa Educacional.* São Paulo, Edusp, 1993.

______. Política e Planos de Educação no Brasil: alguns pontos para reflexão. *Cadernos de Pesquisa*, n. 85. São Paulo, Fundação Carlos Chagas/Cortez, 1993a, pp. 70-78.

______. A idéia de planos de educação e a necessidade de serem fixados em lei; II. Os limites de uma lei de diretrizes e bases da educação nacional. Texto apresentado no Seminário de Trabalho — Leis e Planos de Educação no Brasil: Lei de Diretrizes e Bases e Plano Decenal. IEA/USP, 25 abr. 1995, 9 pp. (mimeo.)

AZEVEDO, José Clóvis de; GENTILI, Pablo; KRUG, Andréa & SIMON, Cátia (orgs.). *Utopia e democracia na Educação Cidadã*. Porto Alegre, Ed. Universidade/UFRGS/Secretaria Municipal de Educação, 2000. (Livro do VII Seminário Internacional — Utopia e Democracia "Os inéditos viáveis" na Educação Cidadã)

BARBIER, Jean-Marie. *Elaboração de Projectos de Acção e Planificação*. Porto, Portugal, Porto Editora, 1993.

BARREIRA, Maria C.R.N. et al. *Cadernos de Ação* n. 2. Trabalhando Conselhos Tutelares. São Paulo, IEE-Instituto de Estudos Especiais da PUC-SP e CBIA — Centro Brasileiro para a Infância e Adolescência, 1992.

BARRINGTON Moore, Jr. *INJUSTIÇA — as bases sociais da obediência e da revolta*. São Paulo, Brasiliense, 1987.

BARROS, Roque Spencer M. de. *Razão e racionalidade: ensaios de Filosofia*. São Paulo, T.A. Queiroz, 1993.

BELLAMY, Richard. *Liberalismo e sociedade moderna*. São Paulo, Unesp, 1994.

BENEVIDES, Maria Victória. *A cidadania ativa*. São Paulo, Ática, 1991.

______. Cidadania e democracia. *Revista LUA NOVA*, vol. 33, São Paulo, CEDES, 1994, pp. 5-16.

______. Democracia e Cidadania. *Revista Pólis* — Participação Popular nos Governos Locais, n. 14, São Paulo, Pólis — Instituto de Estudos, Formação e Assessoria em Políticas Sociais, 1994a, pp. 11-19.

BIERRENBACH, Maria Ignês R. S. *Política e planejamento social: Brasil: 1956-1978*. São Paulo, Cortez, 1981, p. 30, nota de rodapé n. 32 (ref. artigo de Celso Lamparelli, USP, EE. São Carlos, 1964, EDAP).

BRASIL, Secretaria de Educação Fundamental. Escola Plural: proposta político-pedagógica. *SEF, Série Inovações*, n. 5 (SME de Belo Horizonte-MG), Brasília, MEC/SEF, 1994.

BRASIL. Secretaria de Educação Fundamental. *Parâmetros curriculares nacionais*. Brasília, MEC/SEF, 1997, vols. 1-10.

______. *Parâmetros curriculares nacionais: terceiro e quarto ciclos: apresentação dos temas transversais*. Brasília, MEC/SEF, 1998.

BREEDE, Werner E. Paulo Freire e os computadores. In: GADOTTI, Moacir. *Paulo Freire, uma biobibliografia*. São Paulo, Cortez, 1996.

CAMARGO, Misael Geraldo Souza; MOTTA, Custódio Gouvea L. da; ROMÃO, José Eustáquio & PADILHA, Paulo Roberto. Carta Escolar Instrumento de planejamento coletivo. In: GADOTTI, Moacir & ROMÃO, José Eustáquio (orgs.). *Autonomia da escola: princípios e propostas*. São Paulo, Cortez, 1997, pp. 51-74.

CARVALHO, Adalberto Dias de (org.). *A construção do projecto de escola*. Porto, Porto Editora, 1993.

CHAUI, Marilena. *Convite à filosofia*. São Paulo, Ática, 1994.

CHIAVENATO, Idalberto. *Teoria geral da administração*. São Paulo, McGraw-Hill, 1979.

CISESKI, Ângela Antunes. *Aceita um conselho: teoria e prática da gestão participativa na escola pública*. Dissertação de Mestrado. São Paulo, FE-USP, 1997.

_____. NASCIMENTO, Luiz Marine J. do; GADOTTI, Moacir & PADILHA, Paulo Roberto. Educação de jovens e adultos: planejamento e avaliação. *Cadernos de Eja*, n. 3, São Paulo, 1999.

COELHO E SILVA. José Pedro C. Das ciências com implicações na Educação à Ciência específica da Educação. *Revista Portuguesa de Pedagogia*. Coimbra, Universidade de Coimbra. Faculdade de Psicologia e Ciência da Educação, ano XXV-I, 1991, pp. 25-45.

CORNELY, Seno A. Subsídios sobre o planejamento participativo. In: *Participação Comunitária*. São Paulo, ENPLASA, 1977. (Série: Documentos 2)

COROACY, Joana. O planejamento como processo. *Revista Educação*, Ano I, n. 4, Brasília, 1972.

CORTELLA, Mário Sérgio. *A escola e o conhecimento: fundamentos epistemológicos e políticos*. São Paulo, Cortez/IPF, 1998. (Coleção Prospectiva, v. 5)

COSTA, Marisa Vorraber (org.). *O currículo nos limiares do conhecimento*. Rio de Janeiro, DP&A, 1998.

COUTINHO, José Maria. *Etnocentrismo, multiculturalismo e educação no Brasil*: por uma educação multicultural. Tese para concurso de Professor Titular. Rio de Janeiro, Universidade do Rio de Janeiro, Escola de Educação, Departamento de Didática, 1995.

_____. Por uma educação multicultural: uma alternativa de cidadania para o século XXI. *Ensaio*. Avaliação Políticas Públicas, v. 4, n. 13, Rio de Janeiro, out./dez. 1996, pp. 381-392.

DELORS, Jacques (org.). *Educação: um tesouro a descobrir*. 2. ed., São Paulo, Cortez; Brasília, MEC/UNESCO, 1999.

DEMO, Pedro *Participação é conquista*. São Paulo, Cortez /Autores Associados, 1988.

_____. *Pesquisa e construção de conhecimento*: metodologia científica no caminho de Habermas. Rio de Janeiro, Tempo Brasileiro, 1997.

_____. *Conhecer & aprender: sabedoria dos limites e desafios*. Porto Alegre, Artmed, 2000.

DÍAZ BORDENAVE, Juan E. *O que é participação*. 8. ed. São Paulo, Brasiliense, 1995. (Coleção Primeiros Passos, v. 95)

DOWBOR, Ladislau. *A reprodução social*: proposta para uma gestão descentralizada. Petrópolis, Vozes, 1998.

EQUIPE TÉCNICA DO IPF. Etnografia da escola (guia preliminar para o levantamento de dados sobre a estrutura física e a organização sócio-cultural da escola. *Cadernos da Escola Cidadã*, v. 1. São Paulo, IPF, 1997. (mimeo.)

_____. Mudar é difícil mas é possível e urgente. *Cadernos da Escola Cidadã*, v. 2, São Paulo, IPF, 1997a.

_____. Gestão e convivência: construindo o regimento da escola. *Cadernos da Escola Cidadã*, v. 5. São Paulo, IPF, 1998a, 12 p.

_____ A reestruturação curricular na perspectiva da Escola Cidadã. *Cadernos da Escola Cidadã*, v. 6. São Paulo, IPF, 1998b.

_____. Mudar é difícil mas é possível e urgente. *Cadernos da Escola Cidadã*, v. 2, São Paulo, IPF, 1998.

EZPELETA, Justa & ROCKWELL, Elsie. *Pesquisa participante*. São Paulo, Cortez/ Autores Associados, 1986.

FALTERI, Paola. Interculturalismo e culturas no plural. In: FLEURI, Reinaldo Matias (org.). *Intercultura e movimentos sociais*. Florianópolis, Mover, NUP, 1998.

FERREIRA. Francisco Whitaker. *Planejamento sim e não: um modo de agir num mundo em permanente mudança*. Rio de Janeiro, Paz e Terra, 1979.

FISCHMANN, Roseli. *Estrutura administrativa da Secretaria Municipal de Educação da Prefeitura do Município de São Paulo* (um estudo de fatores condicionantes). Dissertação de Mestrado. São Paulo, FE-USP, 1987.

FLEURI, Reinaldo Matias (org.). *Intercultura e movimentos sociais*. Florianópolis, Mover, NUP, 1998.

FONSECA, João Pedro da; NASCIMENTO, Francisco João & SILVA, Jair Militão da. Planejamento educacional participativo. *Revista da Faculdade de Educação*, v. 21, n. 1, São Paulo, 1995, pp. 79-112.

FONSECA, Marília. O financiamento do Banco Mundial à educação brasileira: vinte anos de cooperação internacional. In: TOMMASI, Livia de; WARDE, Mirian Jorge & HADDAD, Sérgio (orgs.). *O Banco Mundial e as políticas educacionais*. São Paulo, Cortez/PUC/Ação Educativa, 1996.

FREIRE, Paulo. *Educação e atualidade brasileira*. Tese de concurso para a cadeira de História e Filosofia da Educação na Escola de Belas Artes de Pernambuco. Recife, 1959.

______. *Conscientização*. São Paulo, Cortez e Moraes, 1979.

______. *Ação cultural para a liberdade*. 8. ed. Rio de Janeiro, Paz e Terra, 1982.

______. *Extensão ou comunicação?* Trad. Rosiska Darcy de Oliveira. 6. ed. Rio de Janeiro, Paz e Terra, 1982a.

______. *Educação como prática da liberdade*. 14. ed. Rio de Janeiro, Paz e Terra, 1983.

______. *Educação como prática da liberdade*. 14. ed. Rio de Janeiro, Paz e Terra, 1983a.

______ & Ira Shor. *Medo e ousadia: o cotidiano do professor*. 5. ed. Rio de Janeiro, Paz e Terra, 1986.

FREIRE, Paulo. *Pedagogia do oprimido*. 17. ed. Rio de Janeiro, Paz e Terra, 1987.

______. *A educação na cidade*. São Paulo, Cortez, 1991.

______. *Cartas a Cristina*. Rio de Janeiro, Paz e Terra, 1994.

______. *Pedagogia da esperança*. Um reencontro com a pedagogia do oprimido. 3. ed. Rio de Janeiro, Paz e Terra, 1994a.

______. *À sombra desta mangueira*. São Paulo, Olho d'Água, 1995.

______. *Professora sim, tia não:* cartas a quem ousa ensinar. 6. ed. São Paulo, Olho d'Água, 1995a.

______ & SHOR, Ira. *Medo e ousadia — o cotidiano do professor*. 5. ed., São Paulo, Paz e Terra, 1996.

______. *Pedagogia da autonomia: saberes necessários à prática educativa*. São Paulo, Paz e Terra, 1997.

______. *Educação e mudança*. 21. ed. São Paulo, Paz e Terra, 1997a. (1. ed. Rio de Janeiro, 1979)

______. *Pedagogia da indignação*: cartas pedagógicas e outros escritos. São Paulo, Editora UNESP, 2000.

______; OLIVEIRA, Rosiska Darcy de; OLIVEIRA, Miguel Darcy & CECCON, Claudius. *Vivendo e aprendendo*. 6. ed. São Paulo, Brasiliense, 1983. (Experiências do IDAC em Educação Popular)

FUSARI, José C. *O planejamento da educação escolar*: subsídios para ação/reflexão/ação. São Paulo, SEE, s.d.(a), 14 pp. (mimeo.)

______. *O planejamento do trabalho pedagógico*: algumas indagações e tentativas de respostas. São Paulo, s.d.(b), 46 pp. (mimeo.)

______. *O papel do planejamento na formação do educador*. São Paulo, SE/CENP, 1988.

GADOTTI, Moacir. *Pensamento pedagógico brasileiro*. São Paulo, Ática, 1987.

______. *Convite à leitura de Paulo Freire*. São Paulo, Scipione, 1989. (Série Pensamento e Ação no Magistério)

______. *Uma só escola para todos: caminhos da autonomia escolar*. Petrópolis, Vozes, 1990.

GADOTTI, Moacir. *Diversidade cultural e educação para todos*. Rio de Janeiro, Graal, 1992.

______. *Escola cidadã*. 2. ed. São Paulo, Cortez, 1993. (Coleção Questões de Nossa Época, v. 24)

______. *Organização do trabalho na escola* — alguns pressupostos. São Paulo, Ática, 1993a.

______ & JACOBI, Pedro. Participação e descentralização: a experiência educacional do Município de São Paulo na gestão de Luiza Erundina. In: FREITAG, Bárbara (org.). *Anuário de Educação*. Rio de Janeiro, Tempo Brasileiro, 1994, pp. 237-259.

______. *Pedagogia da práxis*. São Paulo, Cortez, 1995.

______ (org.). *Paulo Freire: uma biobibliografia*. São Paulo/Brasília, Cortez/Instituto Paulo Freire/Unesco, 1996.

______. Projeto político-pedagógico da escola: fundamentos para a sua realização. In: GADOTTI, Moacir & ROMÃO, José Eustáquio (orgs.). *Autonomia da escola, princípios e propostas*. São Paulo, Cortez, 1997, pp. 23-42.

______. *Perspectivas atuais da educação*. Porto Alegre, Artes Médicas, 2000.

______. *Pedagogia da Terra*. São Paulo, Peirópolis, 2000a.

GALVES, Carlos. *Manual de Economia Política Atual*. 9. ed., ver. E atual. Rio de Janeiro, Forense-Universitária, 1985.

GANDIN, Danilo & CRUZ, Carlos H. Carrilho. *Planejamento da sala de aula*. 3. ed. Porto Alegre, 1995.

GARCIA, Walter Esteves. *Administração educacional em crise*. São Paulo, Cortez/Autores Associados, 1991. (Coleção Polêmicas do Nosso Tempo, v. 46)

______. Planejamento e educação no Brasil: a busca de novos caminhos. In: KUENZER, Accácia Zeneida. *Planejamento e educação no Brasil*. São Paulo, Cortez, 1993. (Coleção Questões da Nossa Época; v. 21)

GIROUX, Henry. *Teoria crítica e resistência em educação*: para além das teorias de reprodução. Petrópolis, Vozes, 1983.

GONZALEZ, Jesus Palacios. *La cuestión escola — analisis y perspectivas*. Barcelona, Ed. Laia, 1979.

GOODSON, I. *School subjects and the curriculum change*. Londres, The Falmer Press, 1993.

GROSSI, Ester (apres.). *Lei de Diretrizes e Bases da Educação*. Lei n. 9.394, de 20 de dezembro de 1996. Rio de Janeiro, Pargos, 1997.

GUTIÉRREZ, Francisco & PRIETO, Daniel. *A mediação pedagógica*. Campinas, Papirus, 1994.

______ & PRADO, Cruz. *Ecopedagogia e cidadania planetária*. São Paulo, Cortez, 1999.

IMBERNÓN. Francisco (org.). Trad. Ernani Rosa. *A educação no Século XXI*: os desafios do futuro imediato. 2. ed., Porto Alegre, Artmed, 2000.

INSTITUTO PAULO FREIRE. Gestão democrática do ensino público. *Série Estudos*, n. 3, Brasília, CONSED/IPF, 1997.

JACOBI, Pedro R. Descentralização municipal e participação dos cidadãos: apontamentos para o debate. *Revista LUA NOVA*, vol. 20, 1990, pp.121-144.

______. *Ampliação da cidadania e participação* — desafios na democratização da relação poder público/sociedade civil no Brasil. Tese de Livre-docência. São Paulo, FE-USP, 1996.

JAPIASSU, H. & MARCONDES, D. *Dicionário básico de Filosofia*. Rio de Janeiro, Zahar, 1991.

LE BOTERF, Guy. A participação das comunidades na administração da educação. *Revista de Administração Pública*, v. 16, n. 1, Rio de Janeiro, jan./mar. 1982, pp. 107-142.

LEFEBVRE, Henri. *A vida cotidiana no mundo moderno*. 2. ed. São Paulo, Ática, 1991.

LIBÂNEO, José C. *Didática*. São Paulo, Cortez, 1992.

LIMA, Elvira Souza. *Desenvolvimento e aprendizagem na escola: aspectos culturais, neurológicos e psicológicos*. São Paulo, Grupo de Estudos do Desenvolvimento Humano — GEDH, 1997. (Série "Separatas")

LIMA, Licínio C. *Organização escolar e democracia radical*: Paulo Freire e a governação democrática da escola pública. São Paulo, Cortez, 2000.

LIMA, Venínio Artur de. *Comunicação e cultura*: as idéias de Paulo Freire. Rio de Janeiro, Paz e Terra, 1981.

LUCE, Maria Beatriz Moreira & SARI, Marisa Timm. A educação para todos exige uma nova ética de gestão: participação e co-responsabilidade. *Em Aberto*, ano 13, n. 59, Brasília, jul./set. 1993, pp. 42-67.

MACEDO, Elizabeth Fernandes de. Parâmetros curriculares nacionais: a falácia de seus temas transversais. In: MOREIRA, Antônio Flávio Barbosa. *Currículo: políticas e práticas*. Campinas, Papirus, 1999, pp. 43-58.

MACHADO, Nílson José. *Epistemologia e Didática: as concepções de conhecimento e inteligência e a prática docente*. São Paulo, Cortez, 1995.

______. *Ensaios transversais*: cidadania e educação. São Paulo, Escrituras, 1997.

MARQUES, Mário Osório (org.). A cultura na educação. *Contexto & Educação*, ano II, n. 5, Ijuí, jan./mar. 1987.

MARTINEZ, M. J. & LAHORE, C. Oliveira. *Planejamento escolar*. São Paulo, Saraiva, 1977.

McLAREN, Peter. *Multiculturalismo crítico*. Trad. de Bebel Orofino Schaefer. São Paulo, Cortez/IPF, 1997. (Coleção Prospectiva, n. 3)

MENEGOLLA, Maximiliano & SANT'ANNA, Ilza Martins. *Por que planejar? Como planejar?* Currículo — área — aula. 2. ed. Petrópolis, Vozes, 1993.

MORAES, M. C. *O paradigma educacional emergente*. Campinas, Papirus, 1997.

MOREIRA, *Antonio* Flávio B. & SILVA, Tomaz Tadeu da (orgs.). *Currículo, cultura e sociedade*. São Paulo, Cortez, 1994.

MORIN, Edgar. *La méthode IV. Les idées, leur habitat, leur vie, leurs moeurs, leur organisation*. Paris, Seuil, 1991.

______. *O problema epistemológico da complexidade*. 2. ed. Portugal, Publicações Europa-América, 1996.

______. *Complexidade e transdisciplinaridade*: a reforma da universidade e do ensino fundamental. Trad. Edgard de Assis Carvalho. Natal, EDUFRN, 1999.

______. *Os sete saberes necessários à educação do futuro*. Trad. Catarina Eleonora F. da Silva e Jeanne Sawaya. São Paulo/Brasília, Cortez/Unesco, 2000.

MORIN, Edgar. *Saberes globais e saberes locais*: o olhar transdisciplinar. Rio de Janeiro, Garamond, 2000a. (Participação de Marcos Terena)

MOTTA, Fernando C. Prestes. *Organização e poder*: empresa, Estado e escola. São Paulo, Atlas, 1986.

MST. MOVIMENTO DOS TRABALHADORES RURAIS SEM TERRA. *Planejamento*: Instrumento de mobilização popular. São Paulo, MST, 1992.

______. Como fazer a escola que queremos: O planejamento. *Caderno de Educação*, n. 6, Porto Alegre, 1995.

NOGUEIRA, Adriano & GERALDI, João W. (orgs.). *Paulo Freire: trabalho, comentário, reflexão*. Petrópolis, Vozes, 1990.

NUÑEZ, Iván. Educação e democracia: formas de participação popular. *Revista Educação Municipal*. São Paulo, Cortez/UNDIME/CEAD, 1990, pp. 29-34.

OLIVEIRA, Dalila Andrade (org.). *Gestão democrática da educação: desafios contemporâneos*. Petrópolis, Vozes, 1977.

OLIVEIRA, Juarez de (org.). *Constituição da República Federativa do Brasil*: promulgada em 5 de outubro de 1988. 11. ed. São Paulo, Saraiva, 1995. (Coleção Saraiva de Legislação)

OLIVEIRA, Marta Kohl. *A abordagem de Vygotsky: principais postulados teóricos*. Palestra realizada na CENP, dez. 1990.

OLIVEIRA, Valeska Fortes de. Escola: a busca da identidade enquanto projeto político-pedagógico. *Contexto & Educação*, ano 5, n. 18, Ijuí, abr./jun. 1990.

PADILHA, Paulo R. Organizando a bibliografia de Paulo Freire. In: GADOTTI, Moacir (org.). *Paulo Freire*: uma biobibliografia. São Paulo/Brasília, Cortez/IPF/Unesco, 1996, pp. 660-661.

______. Planejamento socializado ascendente na escola. In: GADOTTI, Moacir & ROMÃO, José Eustáquio. *Autonomia da escola*: princípios e propostas. São Paulo, Cortez, 1997, pp. 75-90. (Artigo escrito em co-autoria com José Eustáquio Romão)

______. Convivendo com Paulo Freire no IPF. *Revista da FAEEBA*, ano 1, n. 1, Salvador, Universidade do Estado da Bahia, Faculdade de Educação do Estado da Bahia, 1997a, pp. 69-79.

PADILHA, Paulo R. *Planejamento educacional*: a visão do Plano Decenal de Educação para Todos: 1993 — 2003. Dissertação de Mestrado. São Paulo, FE-USP, 1998.

______. *Pedagogia da participação: relações interculturais na escola*. Projeto de pesquisa de doutorado. São Paulo, FE-USP, 2000.

______. Ciclos e avaliação dialógica continuada na Escola Cidadã. *Cadernos da Escola Cidadã*, n. 9, São Paulo, IPF, 2000a.

______. Relação pedagógica na sala de aula. In: *Anais do 6º Seminário de Educação "Transversalidade no espaço escolar"*. Criciúma, 2000b, pp.19-47.

PARO, Vitor Henrique. *Por dentro da escola pública*. São Paulo, Xamã, 1995.

______. *Gestão democrática da escola pública*. São Paulo, Ática, 1997.

PERNIGOTTI, Joyce M. et al. *Aceleração da aprendizagem*: ensaios para transformar a escola. Porto Alegre, Mediação, 1999.

PERRENOUD, Philipe. *Práticas pedagógicas, profissão docente e formação*. Perspectivas sociológicas. Lisboa, Dom Quixote, 1993.

PIMENTA, Selma Garrido. Panorama atual da Didática no quadro das Ciências da Educação: Educação, Pedagogia e Didática. In. PIMENTA, Selma Garrido (coord.). *Pedagogia: Ciência da Educação?* São Paulo, Cortez, 1996, pp. 39-70.

PONTUSCHKA, Nídia Nacib (org.). *Ousadia no diálogo*: interdisciplinaridade na escola pública. São Paulo, Loyola, 1993.

POPKEWITZ, Thomas S. *Reforma educacional*: uma política sociológica — poder e conhecimento em educação. Porto Alegre, Artes Médicas, 1997.

PORTO, Maria do Rosário S. & TEIXEIRA, Maria Cecília S. Perspectivas paradigmáticas em educação. *Revista da Faculdade em Educação*, v. 21, n. 1, São Paulo, 1995.

______. Cultura e complexidade social: perspectivas para a gestão escolar. São Paulo, FE-USP, 9 pp., 1999. (mimeo.)

PRAIS, Maria de Lourdes Melo & SILVA, Maria Élida (org). *Escola cidadã — Educação: construção amorosa da cidadania*. Fundamentos políticos, filosóficos e pedagógicos. Uberaba, SME, ago. 1999.

PREFEITURA MUNICIPAL DE UBERABA/SECRETARIA MUNICIPAL DE EDUCAÇÃO. *O Conselho de Classe no processo avaliativo da escola cidadã*. Uberaba, 2000.

ROCHA, Sílvio & NERY, Didonet (orgs.). *Turmas de progressão*: a inversão da lógica da exclusão. Porto Alegre, SME, 1999.

RODRIGUES, Adriana & FOLCHINI, Margane. Transição Série/ Ciclo: revisitando a trajetória da rede municipal de ensino. In: SILVA, Luiz Heron da (org.). *Escola cidadã, teoria e prática*. Petrópolis, Vozes, 1999, pp. 61-75.

ROMÃO, José Eustáquio. *Poder local e educação*. São Paulo, Cortez, 1992.

______ & GADOTTI, Moacir *Projeto da escola cidadã*: a hora da sociedade. São Paulo, IPF, 1994, 42 pp. (Versão preliminar)

______ & PADILHA, Paulo R. Planejamento socializado ascendente na escola. In: GADOTTI, Moacir & ROMÃO, José Eustáquio (orgs.). *Autonomia da escola*: princípios e propostas. São Paulo, Cortez, 1997, pp. 75-89.

______. *Dialética da diferença*: O projeto da escola básica cidadã frente ao projeto pedagógico neoliberal. Tese de Doutoramento. São Paulo, FE-USP, 1997a.

______. Gestão democrática do ensino público: condição da reforma educacional brasileira. In: GADOTTI, Moacir & ROMÃO, José Eustáquio (orgs.). *Autonomia da escola*: princípios e propostas. São Paulo, Cortez, 1997b, pp. 23-31.

______. *Avaliação dialógica*: desafios e perspectivas. São Paulo, Cortez/IPF, 1998. (Guia da Escola Cidadã, n. 2)

ROSA, Sanny. *Construtivismo e mudança*. São Paulo, Cortez, 1994.

SACRISTÁN, J. Gimeno. *O currículo*: uma teoria e prática. Petrópolis, Vozes, 1999.

SANCHO, Juana M. O currículo e os Temas Transversais: misturar água e azeite ou procurar uma nova "solução"? In: Temas transversais na educação: conceitualização e alternativas. *Pátio revista pedagógica*. Ano 2, n. 5, maio/jul. 1998.

SANDER, Benno. *Gestão da educação na América Latina*: Construção e reconstrução do conhecimento. Campinas, Autores Associados, 1995.

SANTOS, Ediógenes Aragão. Participação, autonomia e co-gestão na escola pública. *Cadernos de Pesquisa*, n. 68, São Paulo, Fundação Carlos Chagas, fev. 1989, pp. 99-105.

SAVIANI, Dermeval. *A nova lei da educação*. LDB, trajetória limites e perspectivas. São Paulo, Autores Associados, 1997.

SCHERER-WARREN, Ilse. *Rede de movimentos sociais*. São Paulo, Loyola, 1993.

______. Organizações não-governamentais na América Latina. São Paulo, Perspectiva/SEADE, 1994, pp. 6-14.

______. Movimentos sociais e a dimensão cultural. In: FLEURI, Reinaldo Matias (org.). *Intercultura e movimentos sociais*. Florianópolis, Mover, NUP, 1998.

SCHÖN, Donald A. *Educando o profissional reflexivo*: um novo design para o ensino e a aprendizagem. Trad. Roberto C. Costa. Porto Alegre, Artmed, 2000.

SECRETARIA DE ESTADO DE EDUCAÇÃO DE MATO GROSSO. *Sistema único e descentralizado de educação básica*. Cuiabá, SEE/MT, 1996.

SECRETARIA MUNICIPAL DE EDUCAÇÃO — PREFEITURA MUNICIPAL DE PORTO ALEGRE. Congresso Constituinte — Eixos temáticos. *Cadernos Pedagógicos 4*, Porto Alegre, abr. 1995.

______. Escola cidadã: construindo sua identidade. *Paixão de Aprender*, n. 9, Porto Alegre, dez. 1995.

SECRETARIA MUNICIPAL DE EDUCAÇÃO DE BELO HORIZONTE. Avaliação dos processos formadores dos educandos. *Cadernos da Escola Plural 4*, Belo Horizonte, abr. 1996.

SERRES, Michael. *A comunicação*. Porto, Rés, s.d.

SEVERINO, Antônio J. *Metodologia do trabalho científico*. 19. ed. São Paulo, Cortez, 1993.

SILVA, Adelphino Teixeira da. *Administração e controle*. 7. ed. rev. e ampl. São Paulo, Atlas, 1990.

SILVA, Arlete M. da. *Educação*: Terra de ninguém. São Paulo, Loyola, 1983.

SILVA, Jair Militão da. Escola e participação estudantil. *Revista da Faculdade de Educação*, v. 13, n. 2, São Paulo, jul./dez. 1987, pp. 91-96.

______. *Democracia e educação*: a alternativa da participação popular na administração escolar. Tese de Doutorado. São Paulo, FE-USP, 1989.

______. *A autonomia da escola pública*: A re-humanização da escola. Campinas, Papirus, 1996. (Coleção Práxis)

SILVA, Luiz Heron da (org.). *A escola cidadã no contexto da globalização*. Petrópolis, Vozes, 1998.

______. *Escola cidadã, teoria e prática*. Petrópolis, Vozes, 1999.

SILVA, Tomáz Tadeu da. *Documentos de identidade*: uma introdução às teorias do currículo. 3. ed. Porto Alegre, Artes Médicas, 1998.

SINGER, Paul. *Um governo de esquerda para todos:* Luiza Erundina na Prefeitura de São Paulo (1989-1992). São Paulo, Brasiliense, 1996.

SME-SP. *Reorientação curricular das Escolas Municipais de Educação Infantil* São Paulo, Prefeitura Muncipal, 1989.

______. Construindo a Educação Pública Popular. *Diário Oficial do Município*, São Paulo, 1 fev. 1989a. (Suplemento)

______. *Regimento em ação*. Caderno 3, jun. 1992a.

______. *Balanço geral da SME*. Projeção trienal, dez. 1992b.

SNYDERS, Georges. *Escola, classe e luta de classe*. Lisboa, Portugal, Moraes Editores, 1977. (Helena Albarran)

______. *A alegria na escola*. São Paulo, Manole, 1988.

SOBRINHO, José Amaral. Plano decenal de educação para todos: perspectivas. *Em Aberto*, ano 13, n. 59, Brasília, 1993, pp. 79-83.

______. *Reflexões sobre os planos decenais municipais de educação*. Brasília, MEC, 1994, 21 pp. (mimeo.)

SPOSITO, Marília Pontes. *O povo vai à escola*: a luta popular pela expansão do ensino público. São Paulo, Loyola, 1984.

______. Redefinindo a participação popular na escola. *Cadernos do CEDI*, n. 19, São Paulo, jan. 1989, pp. 61-67.

TEIXEIRA, Maria Cecília Sanchez. Alternativas organizacionais: um estudo do redimensionamento das questões educacionais e administrativas. In: FISCHMANN, Roseli (org.). *Escola brasileira*: temas e estudos. São Paulo, Atlas, 1987, pp. 72-82.

______. *Antropologia, cotidiano e educação*. Rio de Janeiro, Imago, 1990.

______ & PORTO, Maria do Rosario Silveira. *Gestão da escola*: novas perspectivas. São Paulo, FE-USP, 1996. (mimeo.)

______ *Discurso pedagógico, mito e ideologia*. Rio de Janeiro, Quartet. 2000.

TORRES, Carlos Alberto. *Diálogo com Paulo Freire*. São Paulo, Loyola, 1979.

______. *Pedagogia da luta*: da pedagogia do oprimido à escola pública popular. Campinas, Papirus, 1997. (Série "Educação Internacional" do Instituto Paulo Freire)

TOURAINE, Alain. *El regreso del actor*. Buenos Aires, Editorial Universitaria de Buenos Aires, 1987.

TREVISAN, Cláudia. Eleitores participam cada vez menos. *Folha de S.Paulo,* 13 set. 1998, p 7. (Caderno Eleições)

UNESCO. In: MENEGOLLA, Maximiliano & SANT'ANNA, Ilza Martins. *Por que planejar? como planejar?* Vozes, Petrópolis, 1993, p. 32.

VASCONCELLOS, Celso dos Santos. *Planejamento*: Plano de Ensino-Aprendizagem e Projeto Educativo — elementos metodológicos para elaboração e realização. São Paulo, Libertad, 1995. (Cadernos Pedagógicos do Libertad, v. 1)

VEIGA, Ilma Passos Alencastro Veiga & RESENDE, Lúcia Maria Gonçalves de (orgs.). *Escola*: espaço do projeto político-pedagógico. Campinas, Papirus, 1998.

VIANNA, Ilca Oliveira de Almeida. *Planejamento participativo na escola*: um desafio ao educador. São Paulo, EPU, 1986.

WEFFORT, Francisco Corrêa. *Por que democracia?* São Paulo Brasiliense, 1982.

WITTMANN, Lauro Carlos. Administração e planejamento da educação: ato político-pedagógico. *RBAE*, 12 (2), 1996, pp. 41-52.

PARMA
Impresso nas oficinas da
EDITORA PARMA LTDA.
Telefone: (011) 6462-4000
Av.Antonio Bardella, 280
Guarulhos – São Paulo – Brasil
Com filmes fornecidos pelo editor